ORAR Y VIVIR CON SAN FRANCISCO DE ASÍS

FRAY FRANCISCO PÉREZ HERMOSO, OFM

Bonum

Pérez Hermoso, Francisco
Orar y vivir con san Francisco de Asís / Francisco Pérez Hermoso. - 1a ed. - Ciudad Autónoma de Buenos Aires : Bonum, 2024.
160 p. ; 22 x 15 cm. - (Maestros espirituales ; 2)

ISBN 978-987-667-439-3

1. Espiritualidad Cristiana. I. Título.
CDD 235.2

Edición: Jorge Blanco
Corrección: Pablo Valle
Diseño de interiores y tapa: Silvina Álvarez

Av. Corrientes 6687 (C1427BPE)
Buenos Aires - Argentina
Tel.: (5411) 4554-1414
ventas@editorialbonum.com
www.editorialbonum.com

Impreso en Argentina
Es industria argentina

ÍNDICE

SIGLAS

A) De los escritos de san Francisco

Adm	Admoniciones
AID	Alabanzas al Dios altísimo, para el hermano León
AlHor	Alabanzas para todas las horas
BenL	Bendición al hermano León
Cánt	Cántico de las criaturas
CtaA	Carta a las autoridades de los pueblos
1CtaF	Carta a todos los fieles, primera redacción
2CtaF	Carta a todos los fieles, segunda redacción
CtaL	Carta al hermano León
CtaM	Carta a un ministro
CtaO	Carta a toda la Orden
ExhAD	Exhortación a la alabanza de Dios
OfP	Oficio de la Pasión del Señor
OrSD	Oración ante el crucifijo de San Damián
ParPN	Paráfrasis del Padrenuestro
1R	Primera regla (la de 1221)
2R	Segunda regla (la de 1223)
SalVM	Saludo a la bienaventurada Virgen María

SalVir	Saludo a las virtudes
Test	Testamento
VerAl	La verdadera alegría

B) Biografías

1C	Celano, Vida primera
2C	Celano, Vida segunda
LM	San Buenaventura, Leyenda mayor
TC	Leyenda de los tres compañeros
AP	Anónimo de Perusa
LP	Leyenda de Perusa
EP	Espejo de perfección
Flor	Florecillas
Ll	Consideraciones sobre las llagas

Introducción

Hermano Francisco:
¿Qué nos dirías al comenzar este itinerario junto a ti?
Que no te olvides de Dios,
que no te olvides de ti y no te dejes para otro día.
Porque no eres lo que ganas sino lo que te esfuerzas,
no eres lo que pierdes sino lo que aprendes,
no eres lo que piensas sino lo que amas,
no eres lo que haces sino lo que descansas.
Y, si sabes rezar, reza siempre.

Los *Escritos* de Francisco nos permiten ver su concepción de Dios, del ser humano y de la manera de enfocar la vida según el Evangelio.

Se trata del camino de la simplicidad, del descubrimiento de Dios en la naturaleza, del amor sincero a todas las criaturas, de la confianza en la bondad de las personas y de la profunda alegría, aun en medio de las situaciones más duras de la vida.

Francisco señala que, viviendo plenamente el momento presente y contemplando lo ordinario, somos capaces de descubrir lo extraordinario que nos rodea.

La simplicidad franciscana reencanta el mundo. Para este arte, no hay recetas, sino que se descubre recorriendo el camino de la libertad interior. Cuando emprendemos un viaje en busca de la simplicidad, esta se nos ofrece de manera inesperada, y el futuro se tiñe de vida buena y nueva, de mucha esperanza.

No es lo nuestro abordar en este libro el tema de la simplicidad franciscana, sino el de la *oración*.

No se trata, tampoco, de un tratado de la oración, ni de un estudio sistemático de la oración, ni de un estudio de las oraciones de Francisco.

Recurrimos a Francisco como maestro, como hombre que ha orado y celebrado, como nadie, al Dios de la vida.

Podemos decir que Francisco fue un alma mística, para quien el mundo se transformó en un conjunto de símbolos que le hablaban de realidades muy distintas de las que tenía a mano.

Y sabemos bien que, en la vida de Francisco y sus primeros hermanos, el símbolo no es sólo un método de ascensión mística. Es la esencia misma del camino franciscano: ver las cosas en pura transparencia de Dios, donde todo habla de Dios y todo conduce a Él.

Este libro va dirigido a los que buscan, a los que desean algo más en la vida; a los que se caen, aprenden, escuchan y confían; a los que acompañan el dolor, no desesperan y se levantan.

Queremos estar unos días con Francisco, ir a su escuela, escuchar, dejarnos sacudir por dentro. Es la vida misma de Francisco que nos mira de frente, con sus oraciones para ser puestas en el corazón, y el amor puesto en palabras, voz íntima que te susurra en lo profundo de tu ser para que te pongas en pie y camines.

Quizás, querido lector, lo que vas a descubrir es una cierta provocación para que reflexiones sobre dónde te encuentras en este momento, dónde quieres estar.

Francisco te diría: ¿Quieres ser consolado? Consuela. ¿Quieres ser comprendido? Comprende. ¿Quieres recibir amor? Da mucho amor. ¿Quieres que te perdonen? Perdona siempre. ¿Hay tristeza? Pon alegría. ¿Tienes dudas? Pon fe. ¿Quieres verdad? Pues sé sincero.

Las palabras y los gestos de Francisco brotan de lo más profundo de su corazón, de sentirse libre y amado.

Por eso, en el tema de la oración, recurrimos a él, que ha vivido en alabanza, bendición y acción de gracias.

Por lo general, acudimos a sus *Escritos*. Sus *Escritos* son espirituales, y revelan al ser humano el rostro de Dios y el propio de cada uno, e invitan a seguir en alegría interior al Señor.

Los días que vamos a pasar con Francisco quieren ser una invitación a vivir su visión espiritual. Para los que no están familiarizados con la espiritualidad franciscana, en el primer capítulo, presentamos unas líneas muy sencillas, para conocer a Francisco de Asís.

En el segundo capítulo, señalamos brevemente el contexto que alimentó la oración de Francisco.

El tercer capítulo es más extenso, y estudiamos de forma pedagógica el tema de la oración de Francisco. ¿Qué es la oración para Francisco, cómo es, dónde y cuándo reza? Son las fuentes franciscanas las que nos dan respuestas sencillas a nuestra búsqueda.

El cuarto y último capítulo es el más práctico. Rezar con Francisco. Pasar unos días con él. Sin duda, Francisco, nos ayudará a encontrarnos con Dios, con nosotros mismos, los demás y la creación hermana.

Puedes utilizarlo para orar despacio alguna invocación de las distintas oraciones de Francisco. También puedes elegir algunos de los salmos propuestos para saborear mejor la oración. Por último, puedes pronunciar repetidamente el nombre de Jesús.

En la oración de Francisco, podemos descubrir sus deseos más íntimos y sus aspiraciones más hondas. Sus oraciones son sencillas y, en general, no necesitan muchas explicaciones.

Por lo tanto, ponte en camino. Da el primer paso. Vamos con Francisco, al encuentro de aquel Dios desconocido, que tal vez pensábamos que habíamos encontrado y, sin embargo, nos estaba esperando desde hacía mucho tiempo.

Al celebrar los ochocientos años de la forma de vida franciscana, damos gracias a Dios por tantos dones recibidos.

Capítulo 1

¿QUIÉN ES FRANCISCO DE ASÍS?

1.1. Un hombre llamado Francisco

Señala Tomás de Celano, en el primer capítulo de su primera biografía de Francisco, que "hubo en la ciudad de Asís, situada en el valle de Espoleto, un hombre llamado Francisco; desde su más tierna infancia fue educado licenciosamente por sus padres, a tono con la vanidad del siglo…".[1]

La figura de Francisco de Asís, a pesar de los siglos transcurridos, permanece muy viva. Tiene un fuerte atractivo. Es apasionante. Merece mucho la pena conocerlo.

Fue "hermano" de todos. Sobre todo, de la gente que, en su tiempo, era despreciada. Sigue ejerciendo una poderosa fascinación en todos, en creyentes y no creyentes.

El santo de Asís ha sabido abrir caminos nuevos para que vivamos el Evangelio a través de la fraternidad, la pobreza, la sencillez y la alegría.

1 1 C 1.

Y Francisco aparecía, en el siglo XIII, todo jubiloso, alegre, como un hombre nuevo y del otro mundo.[2] Era el hombre del retorno al Evangelio.

Tomás de Celano, el biógrafo oficial, nos presenta su verdadero retrato físico y moral.

> *Hombre encantador, que se manifestaba en la inocencia de su vida, en la sencillez de sus palabras, en la pureza del corazón, en el amor de Dios, en la caridad fraterna, en la ardorosa obediencia, en la actitud complaciente, en el semblante angelical. En sus costumbres, fino; plácido por naturaleza; afable en la conversación; certero en la exhortación; fidelísimo a su palabra… Lleno de gracia en todo.*[3]

1.2. ¿Quiénes eran sus padres?

Francisco nació en el seno de una familia acaudalada.

En su juventud, tuvo como ambición el llegar a ser considerado rico por su dinero y su posición social.

Los padres de Francisco eran Pietro Bernardone y Madona Pica. Su padre era un adinerado comerciante de Asís. Vendía hermosas telas y comerciaba con Francia, adonde viajaba con frecuencia por motivos de negocios.

2 1 C 82.

3 1 C 83.

Precisamente, se encontraba en este país cuando nació su hijo, a quien la madre había puesto el nombre de Juan. A su vuelta a casa, el comerciante Pietro Bernardone llamó a su hijo "Francisco" (es decir, "el francés").

A su madre, la señora Pica, la describen los biógrafos como alguien que comprendió el camino de su hijo.

Tenía un gran corazón y educaba al pequeño Francisco con gran sensibilidad respecto de los pobres y necesitados. Y cuidaba de que su niño se acostumbrara también a dar algo, cuando los necesitados le tendían la mano.

Sus padres quisieron instruirlo adecuadamente. Por eso, hicieron que estudiara en casa del canónigo Guido, en la escuela de san Jorge.

Se cuenta que san Jorge, una vez, mató un dragón; es considerado el patrón de los caballeros. Y Francisco soñaba con convertirse, también él, en un caballero, y realizar grandes hazañas.

1.3. ¿Cómo fue la juventud de Francisco?

Con el tiempo, se convirtió en un joven lleno de muchas ilusiones y vida.

Trabajaba en la tienda de su padre y, con él, viajaba a las famosas ferias de Francia y Holanda.

Aprendió francés y conoció un poco el mundo y los ambientes de la época. Especialmente, le gustaba mucho la música de los juglares y los cantos de amor de la Provenza.

Su juventud fue muy festiva. Su padre, que, como ya señalamos, era muy rico, le proporcionó todas las facilidades. Por eso, podía hacer todas las fiestas que quisiera y no se privaba de nada.

Dirigía a un grupo de jóvenes bohemios, a quienes les encantaba pasar muchas horas de la noche en rincones de las calles, cantando delicados poemas de amor y escuchando a trovadores que narraban historias de caballería. Entre estas bulliciosas fiestas, pasó varios alegres años.

La guerra que estalló entre la ciudad de Asís y la de Perugia hicieron que se acabaran los tiempos de diversión.

Francisco se va a luchar, pero es herido y tomado preso, aunque después de un año resultó liberado.

A su vuelta a Asís, sintió que algo en él no era como antes, y no veía la vida de la misma manera.

Francisco iba sufriendo, entonces, una transformación interna, que tenía como ingredientes un cierto desencanto, la caridad con los pobres y la aspiración a algo distinto para su vida.

1.4. Un gran vacío interior

Después de algún tiempo, empezó a sentir un gran vacío.

Lo que hacía no lo llenaba. Desde que había salido de la cárcel, a veces, se quedaba con la mirada perdida, como distraído. Sentía que algo en su interior iba cambiando.

Ya no se divertía como antes, ni en las fiestas, ni con sus amigos. Pero intentaba disimular. "¿Qué me pasa?", se preguntaba una y otra vez, aunque no sabía explicar lo que le ocurría.

De vez en cuando, hablaba con uno de sus mejores amigos y le contaba cómo se sentía. Ambos paseaban e iban juntos hasta una gruta cercana a Asís. Allí, Francisco rezaba y le pedía a Dios que lo ayudara.

Seguía soñando con ser caballero, para servir al emperador o algún noble. Quería ser importante y hacer algo grande con su existencia. Pero, al mismo tiempo, la vida que llevaba lo dejaba insatisfecho.

Meses después, para superar esa crisis, regresó a la guerra, con la esperanza de convertirse en caballero y realizar hazañas en las batallas.

Por el camino, durante la noche, se detuvo en Spoleto. Allí, una voz le habló en sueños. Y gracias a ella comprendió que debía volver a Asís y ponerse a servir al Señor.

El sueño lo había conmovido profundamente. No podía dormir y se preguntaba, una y otra vez, "¿Qué estoy haciendo con mi vida? ¿Cómo puedo servir al Señor?".

Para responder a aquella voz del sueño, entró en un monasterio con la intención de orar y hacer penitencia. Pero, enseguida, se dio cuenta de que ese no era su camino.

Pedro Bernardone, su padre, estaba muy decepcionado, pues su hijo no llegaría a ser caballero. Sin embargo, Francisco, sentía una gran alegría en su corazón.

De vez en cuando, cerraba los ojos para escuchar mejor el canto de los pájaros, y el arrullo de las tórtolas.

Visitaba las leproserías de la zona, sin acercarse aún a los leprosos. Ya desde hacía tiempo, entregaba generosamente limosnas a las personas que los atendían, pero se sentía incapaz de cuidarlos él mismo.

Quería ser feliz todos los días de la semana, no reducir la felicidad sólo al día que tocaba ser de fiesta.

Francisco había descubierto el amor de Dios.

1.5. Llamada para reconstruir la Iglesia en ruinas

Poco a poco, empezaba a crecer dentro de él un extraño amor a los pobres, y una profunda compasión por los leprosos que vivían aislados en las afueras de la ciudad. Y se pasaba horas en soledad, para rezar, alabar y bendecir al Señor.

En ese tiempo, se acordaba mucho de Jesús, que había sido pobre y sufrió mucho en la Cruz. Aunque, sobre todo, estaba deseoso por obedecer a Dios y servirlo de corazón. Pero… ¿cómo?

Un día, mientras paseaba, llegó a la pequeña iglesia de san Damián, un santuario pequeño, pobre, ruinoso y en completo abandono.

Conducido por el Espíritu, entró en ella a orar, y entonces se postró suplicante y con mucha devoción ante el crucifijo. Y allí permaneció, contemplando largamente el rostro llagado de Cristo crucificado.

Cuando, de pronto, le pareció oír una voz que provenía de él.

Francisco, ve y restaura mi casa, porque está en ruinas.[4]

Estas palabras calaron profundamente en el corazón de Francisco, y no podía olvidarlas.

En esta iglesita abandonada y en ruinas de los alrededores de Asís, descubrió el rostro de Dios en el Cristo crucificado.

4 2 Cel 10.

Este encuentro insólito con el amor lo transformó. Y lo abandonó todo.

Entonces, pensó que debía restaurar la capilla y, para ello, decidió poner todo su empeño en este proyecto.

Empezó a reconstruir, con sus propias manos, la vieja iglesia en ruinas llamada Porciúncula. Más tarde, cayó en la cuenta de que aquella voz que había escuchado se refería a la Iglesia de hombres y mujeres, de prelados, abades y sacerdotes, incluido el mismo Papa.

Era la Iglesia que estaba en ruina moral.

1.6. Beber de la fuente genuina de los Evangelios

Para comprender bien a Francisco, es necesario enlazar dos aspectos de su personalidad: el retorno al Evangelio y la promoción del humanismo.

El Evangelio vuelve a ser "*buena noticia*" para todos, palabra fundadora de humanismo.

Francisco leyó los Evangelios con ojos nuevos, a la luz de la realidad de su tiempo, y supo beber de la fuente genuina de ellos. Y entendió que todos hemos nacido del corazón del Padre de bondad y misericordia entrañable.

Nadie lo inspiró, sino que fue Dios mismo quien lo condujo a los leprosos, por quienes, a partir de ese encuentro con ellos, tuvo una inmensa compasión. Y se esforzaba por amor a Dios.

Un día se encuentra a un leproso. En lugar de hacer como el resto de la gente, que huía por miedo al contagio, él se acerca y lo abraza. Lo que antes consideraba amargo, ahora se le volvía dulce.

Muchos antiguos compañeros de fiestas y diversiones se unieron a él.

Predicaban por los poblados las palabras de Cristo en un lenguaje popular que todos entendían. Vivían en un lugar apartado y se ocupaban fundamentalmente de los pobres. También, una muy querida amiga, Clara de Asís, huyó de casa y quiso compartir esa misma vida sencilla.

1.7. Llevado ante el obispo de Asís

Al principio, el padre de Francisco, Pedro Bernardone, no veía ningún problema.

Pero, cuando se dio cuenta de que su hijo ha vendido sus trajes, su caballo e, incluso, unas telas de la tienda para alimentar a los pobres y para seguir reconstruyendo la capilla de san Damián, montó en cólera.

Lo llevó ante el obispo de Asís, para que este obligue al joven a dejar sus locuras. Y el padre le reprocha a su hijo: "Todo lo que tienes es mío. Hasta tus vestidos".

Mucha gente acudió para asistir a aquel extraño espectáculo. Todos estaban intrigados.

El obispo le exigió a Francisco que devolviera a su padre el dinero. Francisco, muy calmado y sereno, con los ojos radiantes de alegría, se levantó y se desnudó completamente, y le dijo a su padre: "¡Ahora ya no tengo nada tuyo!". Y respondió al obispo: "Señor, yo le restituiré no sólo el dinero, sino también la ropa".

El obispo corrió a taparlo con su manto, la Iglesia lo acogía. La gente estaba impresionada.

En adelante, Francisco no tendrá otro padre que el buen Padre del cielo.

Ahora, pertenecía a Dios y a los pobres. Dios es su Padre. Los pobres, sus hermanos. Francisco quería vivir pobre como Jesús.

Para él, todos los seres de la creación son hermanos y hermanas. Le admiraba la belleza de las flores, el canto de los pájaros, el murmullo de las aguas de los riachuelos. Apartaba del camino a las lombrices y los insectos para no pisarlos.

Había entendido que todos hemos nacido del corazón del Padre de las misericordias. Por eso, somos hermanos y hermanas: el hermano sol, la hermana luna; hermanos fuego, hermana agua, y hermana y Madre Tierra.

1.8. Se instala en san Damián

Francisco camina por el bosque. Canta en francés canciones de amor. Se instala en san Damián y vive como un ermitaño. Quiere restaurar la Iglesia. Recorre las calles de Asís, y se comporta como un mendigo.

Cuando acaba la obra en san Damián, se dirige a reconstruir otras pequeñas iglesias. Se siente feliz realizando esta tarea, en medio de la soledad, la pobreza, el silencio y la oración.

Un día, su íntimo amigo Bernardo de Quintavalle lo busca porque, también él, quiere dejarlo todo para seguir a Jesús, como Francisco.

Bernardo le pregunta: "Dime con sinceridad, ¿no echas de menos tener aventuras? Desde hace tres años estás viviendo como un ermitaño, y sólo dedicado a reconstruir iglesias y cuidar a los leprosos. ¿Eres feliz?

Francisco le responde a Bernardo: "Ahora soy heraldo del Gran Rey y caballero de Jesucristo. Antes me jugaba la vida en las guerras. Ahora se la he entregado a mi Señor. He ido dejando a un lado los sueños de grandeza y vivo cada día la grandeza de un sueño. Dios tiene un sueño sobre mí".

Bernardo se queda pensativo. También deseaba ser caballero de Jesucristo y vivir el Evangelio.

Los dos siguen hablando hasta entrada la noche. Se reparten un trozo de pan que Francisco ha recibido como limosna. Se acuestan sobre un montón de paja y se duermen profundamente.

1.9. Su amigo Bernardo y los primeros seguidores

En cuanto amanece, Bernardo se dirige a Asís para vender lo que tiene y repartirlo entre los pobres. Luego se volverá a san Damián con su amigo y empezará a vivir una nueva aventura.

La nueva forma de vivir de Francisco atrae a varios compañeros. Está naciendo la fraternidad franciscana.

Los hermanos comparten su vida entre el cuidado de los leprosos, el trabajo con las gentes sencillas, la oración y la predicación itinerante.

Poco a poco, otros jóvenes se unen a ellos. Antes, soñaban con convertirse en personajes importantes; pero, ahora, quieren convertirse en los más pobres y humildes, al servicio de Dios y de los hombres.

Una mañana, Francisco anima a sus compañeros a ir a la Iglesia de san Nicolás, para orar y pedir a Dios que les muestre el camino.

Tras un rato de oración, abren el evangelio y leen: "Si quieres ser perfecto, vende cuanto tienes y entrégalo a los pobres" (Mt 19, 21).

Vuelven a abrir el evangelio y leen: "Id, pero no llevéis nada para el camino" (Lc 9, 3).

Y, al abrirlo por tercera vez, leen: "Si alguno quiere venir en pos de mí, niéguese a sí mismo, tome su cruz y sígame" (Lc 9, 23).

Francisco, entusiasmado, exclama:

> *¡Eso es lo que deseo, eso es lo que estaba buscando! ¡Es lo que viviremos! Lo nuestro será imitar la vida de Jesucristo y viviremos el Evangelio al pie de la letra.*

El grupo de hermanos va creciendo mucho.

Un sacerdote, llamado León, pide formar parte del grupo. Todos lo reciben con gran alegría.

Francisco lo nombra su confesor y secretario, y le confía algo que le preocupaba mucho.

En efecto, como el grupo había crecido tanto, se hacían necesarias algunas normas comunes. Parecía que era el momento apropiado de escribir una *Regla*, breve y sencilla, que los ayudará a vivir el Evangelio.

Además, necesitan explicar al Papa la forma de vida que quieren llevar. Entonces, el grupo se pone en oración, para que Dios les inspirara lo que debían escribir.

Días más tarde, Francisco, empieza, junto con León, la redacción de esa forma de vida.

> *La Regla y vida de los hermanos menores consiste en vivir el santo Evangelio de nuestro Señor Jesucristo… Quien quiera vivir así, ha de dar todo lo que tenga a los pobres, antes de entrar en la fraternidad. Vestirá una túnica con capucha, cordón y calzones; todo será de paño pobre y se remendará cuando se rompa. Los hermanos se cuidarán mutuamente, como una madre cuida a sus hijos. No juzgarán a nadie y tratarán con bondad a todos, incluso a quien quiera hacerles daño. Trabajarán y podrán recibir a cambio alimento y vestido, pero no recibirán dinero. Vivirán con leprosos y mendigos y recibirán con cariño a cuantos acudan a ellos, incluso a ladrones y salteadores de caminos...*

1.10. Viaje a Roma para encontrarse con el Papa

Cuando terminan de redactar la *Regla*, Francisco invita a los hermanos a ponerse en camino hacia Roma para entregarla al Papa, y pedirle que les apruebe su forma de vivir, es decir, de hacerlo como hijos fieles de la Iglesia.

Tardarán varios días en llegar a Roma. Caminan sin prisas. Se detienen para ayudar a la gente, a pedir limosna y predicar el Evangelio. Se presentan como penitentes de Asís y caballeros de Jesucristo.

Muchas son las dificultades por las que tienen que pasar hasta que el Papa los recibe.

Durante su estancia en Roma, los hermanos se van dando cuenta de que la Iglesia se ha ido deteriorando, y son ciertas las noticias que ya habían escuchado en Asís. Hay sacerdotes que llevan una vida escandalosa, rodeados de lujo. Otros se dedican a sus propios negocios.

El papa Inocencio III quiere reformar profundamente la Iglesia y está buscando el modo de hacerlo.

También, quiere organizar un gran ejército para lograr que los reyes y emperadores de Europa se conviertan en vasallos de la Iglesia.

Francisco y sus hermanos se dan cuenta de que es urgente anunciar el Evangelio, predicar la conversión y ayudar a restaurar la Iglesia.

Al fin, llega el día del encuentro con el Papa.

Francisco le expresa que quieren vivir el santo Evangelio de nuestro Señor Jesucristo en pobreza y fraternidad. Y le pide, para ello, que les autorice este modo de vida, y los bendiga.

Pero el Papa, en un primer momento, los mira con frialdad y desconfianza.

Los hermanos deciden entonces quedarse en Roma hasta que el Papa apruebe su forma de vida.

A los pocos días, el pontífice los recibe de nuevo. En esta ocasión, muestra mucho interés en conocerlos. Ha tenido un sueño que lo ha dejado preocupado.

En él, veía cómo la magnífica iglesia de san Juan de Letrán se desmoronaba y estaba a punto de caerse. Y unos hombrecillos, pequeños y pobres, la sujetaban con sus hombros. Quizá, pensó, esos seres del sueño fueran Francisco y sus hermanos…

En consecuencia, el Papa les aprueba su forma de vida, los bendice, y les da permiso para predicar la conversión. También, los envía a predicar el Evangelio, sin alforjas, ni sandalias.

Así, entonces, el papa Inocencio III aprobó la *Regla* de la comunidad en 1209, y les concedió que predicaran, por todas partes, el Evangelio de Jesús.

1.11. Vuelta a la ciudad de Asís

Este grupo de jóvenes, que antes soñaban con convertirse en personajes influyentes, ahora quieren hacerse los más pobres y humildes al servicio de Dios y de los hombres.

Por eso, Francisco los llama "Hermanos Menores". Pero, popularmente, también se les suele llamar "franciscanos", porque son los compañeros de Francisco.

Tras la decisión favorable del Papa, emprenden felices el viaje de vuelta a Asís.

Al llegar, se dirigen a Rivotorto, donde pasan varios meses en la casita que acondicionaran Francisco y los primeros hermanos.

Francisco cuida a sus hermanos y está muy atento a las necesidades de cada uno. Y siempre tiene detalles de ternura y delicadeza con los más débiles.

En cierta oportunidad, un campesino se presenta en la puerta de la cabaña de Rivotorto y reclama tener derecho a ocuparla.

Los hermanos le explican que llevan allí casi tres años, que era un lugar abandonado, y ellos habían reparado todo.

El campesino les responde groseramente e intenta meterse a la fuerza, montado en su burro, atropellando lo que encuentra a su paso.

Francisco y los hermanos toman los pocos objetos personales que tienen y abandonan el lugar en paz.

1.12. Un lugar donde vivir

Debido a ese incidente, marchan hasta la iglesia de Nuestra Señora de los Ángeles. Allí, le piden a la Virgen encontrar una casa para vivir.

Los monjes Benedictinos del Monte Subasio son los dueños de esa pequeña iglesia y del bosque que la rodea. Así que le piden al abad que les permita construir unas chozas en ese lugar, reconstruir la iglesia y cuidarla.

Después de explicar sus planes, reciben todo tipo de ayuda.

El abad les asegura que, si reparan la iglesia, les dará el título de propiedad, de manera que sean dueños de toda la zona, incluidos los campos y el bosque.

Los hermanos agradecen mucho, pero no quieren propiedades. Ellos sólo necesitan permiso para vivir allí.

El abad no entendía bien la postura de esos hermanos pobres, pero llegan a un acuerdo.

Les entregan un documento que les da permiso para establecerse en esas tierras, sin que nadie los moleste ni los eche de allí.

Es decir, les alquilan las tierras, pero los hermanos se comprometerían a llevarles al monasterio, cada año, un cesto con pescado, y así pagarían el precio del alquiler.

Los hermanos reciben con gran alegría la noticia y comienzan a reparar la iglesia. Viven pobremente, pero ya tienen un lugar donde vivir y una iglesia en la que orar.

Ahora, pueden cantar en libertad: "Mi Dios y mi todo".

No poseen nada. Dios los colma.

Cae la tarde. Los pájaros cantan. Los hermanos son profundamente felices.

1.13. Clara, una querida amiga de Francisco

Clara, la hija mayor de la familia Offeduccio, noble y rica, estaba muy interesada también en la vida de pobreza de los Hermanos.

Y, por ello, dejó en secreto la casa de sus padres, Favarone y Ortolana, pues tomó la decisión de vivir como ellos. Clara quería ser pobre y abrazar a Cristo pobre.

Todo sucedió después del domingo de Ramos de 1212, cuando toda la familia de Clara había acudido a la misa de la catedral.

Clara esperaba una señal. Se le acercó el obispo, le dio una palma a su padre y, seguidamente, otra a ella. Como la palma se entrega solo al jefe de la familia, ella creyó que esta era la señal que esperaba.

Sabía que Dios la estaba llamando, y se puso entonces en camino, dejando todo detrás.

Francisco y los hermanos la esperaban.

En medio de la oscuridad de la noche, corre Clara, emocionada, hacia la Porciúncula. A medida que se acerca, ve el resplandor de las antorchas que portan los Hermanos, que salen a recibirla con alegría. Y pasan todos a la capilla.

Allí, Clara se arrodilla ante la imagen de la Virgen y proclama, ante los Hermanos, que desea renunciar a todo, por amor a Jesús, para vivir pobre y servir a los pobres.

Francisco recibe su renuncia, en nombre de Dios, y le corta la rubia melena, como símbolo de que empieza una nueva vida. Todos cantan emocionados, dando gracias a Dios por el don de la hermana Clara.

Pronto se formó una pequeña comunidad en torno a ella.

Francisco instaló a las Hermanas, a las que llamó las "Damas Pobres", en el pequeño convento de san Damián, cerca de Asís. Como la primera hermana era Clara, se las llamaría "Clarisas".

Las Damas Pobres no salían de su convento, pero los Hermanos Menores van por los caminos para predicar la Buena Noticia de Jesús. Algunos viajaban muy lejos, incluso hasta Egipto. Lo hacen de dos en dos, como los discípulos de Cristo.

En los comienzos de la predicación, Francisco cantaba canciones en las plazas, y la gente acudía a escucharlo. Sobre todo, les gustaba que cantara canciones de amor, en francés, como los juglares.

Cuando había captado la atención de la gente, los invitaba a que amaran a Dios sobre todas las cosas y se arrepintieran de sus pecados. Predicaba como los juglares.

Francisco no dejaba de cantar ni de predicar. Sus palabras, su sonrisa y la bondad con la que difundía sus enseñanzas ayudaban a todos a comprender el Evangelio.

1.14. Ver y hacer ver al Hijo de Dios naciendo pobre en un pesebre

Al aproximarse la Navidad de 1223, Francisco estaba preocupado sobre cómo podría explicar a las personas el gran misterio de la encarnación de Jesús de tal modo que todas pudieran entender.

Lo que deseaba era que todos pudieran sentir la ternura que produce pensar en el niño Jesús en los brazos de su madre María...

Su primer biógrafo, Tomás de Celano, nos cuenta ese acontecimiento.

> *Deseo hacer memoria del divino niño que nació en Belén y de las incomodidades que sufrió al ser reclinado en un pesebre y puesto sobre húmeda paja junto a un buey y un asno; quisiera hacerme de ello cargo de una manera palpable y como si lo presenciara con mis propios ojos.* [5]

La Navidad es recuperada en todo su realismo y ternura. Para, así, "ver" y "hacer ver" al Hijo altísimo de Dios, naciendo al mundo en la humildad y la pobreza de un pesebre entre animales.

Francisco, entonces, decidió que este belén se realizara en la pequeña ciudad de Greccio. Y confía su proyecto a su amigo Juan Velita, quien, a pesar de su alto linaje y sus importantes cargos, es un hombre sumamente sencillo y cercano a los frailes.

Francisco le indicaba lo que debía preparar. "Deseo hacer memoria de aquel divino niño...", insistía Francisco.

5 1 C 84.

Para cumplir ese deseo, su amigo Juan construyó un establo exactamente igual al de Belén, provisto de heno, con un asno y un buey en su interior.

Y esa noche especial, los hermanos cantan.

Mientras, poco a poco, la gente del pueblo va subiendo por la montaña hacia la gruta. La luz de las antorchas, en medio de la noche, sobrecoge por su belleza.

El hermano León celebra la misa junto al pesebre.

Francisco, con su dalmática, en calidad de diácono, en lugar de leer el evangelio, lo canta. Y, en la homilía, explica el nacimiento de Jesús con profunda emoción.

Cada vez que nombraba al niño de Belén, el fuego del amor lo inflama.

La noche pasó rápidamente, y cada cual volvió a su casa exultante, como los pastores que, en aquella noche santa, habían visto al Niño.

La gente entendió que Dios se había hecho un niño pobre, que tuvo frío, como nosotros. ¡Cuánto nos quiere a todos!

Dios sigue naciendo como Niño en todas partes donde hay corazones lo bastante sencillos como para reconocerse hermanos y hermanas entre sí y de toda criatura.

1.15. Belleza y configuración con Cristo crucificado

A fines del verano de 1224, Francisco decidió subir al monte Alverna con algunos compañeros, para pasar allí cuarenta días de ayuno, como Cristo había hecho en el desierto.

Durante el viaje, Francisco sintió que le faltaban las fuerzas, y sus hermanos tuvieron que ir a una masía para alquilar un asno.

Ya en la montaña, lleno de alegría, se instaló en una gruta, donde podrá orar en soledad.

Recogido en el silencio, elevaba cada vez más fervientemente su espíritu a Dios.

En todos los momentos de su vida, Francisco siempre había recurrido al Evangelio.

Una vez, le rogó a fray León que le abriera tres veces el Evangelio. Y las tres veces en que así lo hizo, León se topó con la historia de la Pasión de Jesús.

Francisco comprendió. Le quedaba por recorrer el camino del Calvario: sufrir hasta su fin.

Y, para ello, se abandonó confiado a la voluntad de Dios.

Fue entonces cuando, una noche, tuvo una visión maravillosa, y aparecieron en su cuerpo las mismas llagas de Jesús en la cruz, los llamados “estigmas”. Estas marcas las tendría hasta su muerte.

El hermano León se dio cuenta de ellas, pero Francisco le advirtió que no dijera nada a nadie.

Francisco escuchaba la gran melodía del mundo, la sinfonía del Reino de los cielos.

El don del monte Alverna expresa, por un lado, de manera visible y definitiva, una tensión que guió a Francisco, de manera constante, a seguir a Cristo y de configurarse con él, pobre y crucificado.

Las señales de la pasión constituyeron en su cuerpo la expresión manifiesta de esta profunda aspiración de Francisco.

Era un hombre que vivía de la confianza total en Dios.

Todo lo recibía del Padre y se confiaba a él por completo. Se dejaba guiar, como Jesús, por la búsqueda de su voluntad: “Padre mío, no sea como yo quiero, sino como quieres tú” (Mt 26, 39).

Este es el sentido de los estigmas, hacerse visible en el exterior lo que ha tenido lugar en el corazón. De modo que puede decir con Pablo: “Ya no vivo yo, sino que es Cristo quien vive en mí” (Gal 2, 20).

Esta actitud interior no está exenta de una lucha y un sufrimiento profundos.

Francisco llegó al monte Alverna llevando dentro de él gran cantidad de dudas: sobre sí mismo, sobre la autenticidad del camino que va trazando, sobre la Orden y las opciones tomadas, sobre el futuro y sus responsabilidades al respecto.

La respuesta es eficaz, pues la cruz de Jesús se convirtió en el lugar en el que se manifiesta la fuerza y la sabiduría de Dios.

1.16. Un encuentro inolvidable

Después de la experiencia del monte Alverna, volvió a Santa María de los Ángeles, su convento, al que por humildad llamaba, como ya recordamos, la Porciúncula (es decir, "la partecita").

Hacía mucho tiempo que no veía ni había podido charlar con la hermana Clara.

Por eso, Francisco le pidió al hermano León que lo llevara a San Damián. Necesitaba hablar con la hermana Clara.

Una vez en el monasterio, como su salud era tan frágil, lo animaron a quedarse con ellas para cuidarlo. Él se resistió al principio, pero al final cedió al pedido. Y las hermanas le construyeron una choza de ramas en el jardín.

Al caer la tarde, Clara baja al jardín para hablar con Francisco.

Le cuenta, con toda confianza, lo vivido en los últimos meses. Le dice a Clara que su intención había sido pasar un tiempo largo en lo alto del monte. Y que lo acompañaban los hermanos León, Ángel, Iluminado y Maseo.

No encuentra palabras para explicar la experiencia que ha tenido en la cima del monte. Está sobrecogido. Ha recibido de Dios un profundo, increíble regalo. Ha llorado mucho de emoción.

Clara le pide si quiere contarle lo ocurrido. Le dice que, como siempre, guardará en lo más profundo de su ser ese secreto.

Francisco le comenta a Clara que el 14 de septiembre estaba orando al amanecer. El sol empezaba a salir entre las montañas, y el paisaje era de una belleza sobrecogedora.

Y, entonces, le pidió a Dios que le concediera dos gracias antes de morir: que pudiera experimentar en su cuerpo y en su alma un sufrimiento semejante al que Jesús había sentido en la pasión; y sentir un amor semejante al que lo llevó a dar su vida por la humanidad.

Clara y Francisco permanecen en total silencio.

Después, lentamente y lleno de emoción, Francisco le dice a Clara que el Señor le había regalado las señales de la Pasión.

Lleva la señal de los clavos en sus manos y en sus pies. Por eso, están sus manos vendadas y le cuesta tanto caminar. A menudo, la herida del costado también, le sangra.

Clara toma las manos vendadas de Francisco entre las suyas, con profundo respeto, y las besó con mucha delicadeza.

Dan gracias a Dios por los dones concedidos, y Clara le dice que, mientras esté en San Damián, cuidará cada día sus heridas y hará unas zapatillas de lana para que le protejan los pies.

Ambos siguen saboreando el momento y belleza del lugar. Se empieza hacer de noche; el cielo está lleno de estrellas, y juntos dan gracias a Dios por lo vivido y por esa tarde inolvidable.

1.17. Celebrar a las criaturas como hermanas y hermanos

Días después, al amanecer, Clara y las hermanas estaban orando en el coro. Desde allí, oyeron cantar a Francisco; no entendían la letra, pero daba la impresión de que era un juglar enamorado.

Cuando acabaron la oración, toda la comunidad se dirigió al jardín y rodearon a Francisco. Tenía los ojos vendados, porque no soporta ninguna luz, ni la claridad del día, ni el resplandor del fuego por la noche.

Sin embargo, el canto de Francisco, el "Cántico del Sol", es un himno a la luz.

Pero ese canto había brotado de la oscuridad personal, de la enfermedad, del no poder ver.

Su "Cántico" era la confesión de un hombre en quien las fuerzas primeras de la vida han encontrado la transparencia de las fuentes, y el brillo del hermano sol y de la hermana luna.

Las hermanas estaban entusiasmadas. Y le pidieron a Francisco que repitiera las estrofas.

Querían aprender la letra y cantar con Francisco.

Entonces, el jardín de San Damián se convierte en el escenario donde juntos cantan al Creador. Era como una mañana de Pascua.

Ese instante parece tocado por la Gloria de Dios. Es el momento de celebrar y cantar. Es la alegría total, en una mañana de luz recién amanecida.

Todos cantan, hermanas y hermanos, el canto de alabanza que Francisco había compuesto en lo más penoso de su enfermedad.

El canto que, luego, ha pasado a la historia con el nombre de "Cántico del hermano sol" o "Cántico de las criaturas". En sus versos se condensan toda la pureza y fervor de la experiencia franciscana. Y así dice...

Altísimo, omnipotente, buen Señor,
tuyas son las alabanzas, la gloria, el honor y toda bendición.
A ti sólo, Altísimo, corresponden
y ningún hombre es digno de nombrarte.

Loado seas, mi Señor, con todas tus criaturas,
especialmente por mi señor hermano Sol,
que hace el día y con el cual nos iluminas:
y es hermoso y radiante con gran esplendor;
de ti, Altísimo, da testimonio.

Loado seas, mi Señor, por la hermana Luna y las Estrellas:
en el cielo las has formado claras, preciosas y bellas.

Loado seas, mi Señor, por el hermano Viento,
y por el aire y el nublado y el sereno y todo tiempo
con el cual das sustento a tus criaturas.

Loado seas, mi Señor, por la hermana Agua,
la cual es muy útil y humilde y preciosa y casta.

Loado seas, mi Señor, por el hermano Fuego,
con el cual iluminas la noche:
y es hermoso y alegre, robusto y fuerte.

Loado seas, mi Señor, por nuestra hermana la madre Tierra
la cual nos sustenta y gobierna
y produce frutos diversos junto con las flores coloridas
y la hierba.

A partir de ese día, cada vez que Clara visitaba a Francisco, cantaban juntos "Cantan al Señor un cántico nuevo" (Sal 96).

Y Francisco le agradeció mucho a Clara todo lo que estaba haciendo por él, y que pudieran cantar juntos.

Y termina diciéndole: "Hermana Clara, no puedo ver la naturaleza con los ojos, pero cantar al Creador me ayuda a recuperarme".

Francisco, lleno del espíritu de Dios, no se cansaba de alabar, glorificar y bendecir en todas las cosas al Creador.

Es la fraternidad cósmica. Es esa fraternidad de Francisco que no podía separarse de una experiencia de simpatía y de participación afectiva hacia todo lo que vive y lo que existe. Pues él percibía el valor de toda vida y de todo ser.

1.18. Amor maravillado

Francisco es el hombre que se maravilla.

Tiene el arte de mirar y escuchar desde el corazón.

Desde el corazón, nuestros ojos también escuchan y tocan. Desde el corazón, también se acaricia y saborea.

Francisco supo mirar y escuchar la vida desde otro lugar y de otra manera. Las cosas no son para él un simple pretexto para alabar a Dios. Las encuentra hermanas y muy hermosas.

En la base de su admiración, hay una sensibilidad de artista y de poeta.

Desde su juventud, era sensible a la belleza de la naturaleza. Los objetos que Francisco celebra en su Cántico son de una simplicidad desconcertante.

Los elementos son luminosos a fuerza de simplicidad. El "Cántico" se ha convertido en canción de juglar en el jardín de San Damián.

Transcurrido el tiempo necesario, Francisco se ha repuesto un poco. Ha pasado varias semanas con las hermanas en San Damián, y ya es hora de partir.

Como sabemos, el hermano León lo acompaña continuamente y lo cuida. Es, también, su confidente y confesor.

Francisco estaba maravillado por todo lo vivido.

Cuando se despidieron de Clara y las hermanas, todos se emocionaron. Habían vivido días inolvidables en que pudieron hablar con calma y, también, cantar.

Compartieron recuerdos de sus vidas y lo que les preocupaba en ese momento.

La mirada maravillada de Francisco no se puede separar de su vida interior.

Su canto está íntimamente ligado a su contemplación de Cristo pobre. Como los trovadores de su época, no puede dejar de celebrar de acuerdo con el amor que le quema el corazón.

Francisco ama a Clara y a sus hermanas. Clara lo ha cuidado como una madre. Francisco agradece con profunda ternura.

Por otra parte, le llena de satisfacción, y también está maravillado, al ver cómo Clara lucha por sacar adelante el proyecto de vida de las "Damas Pobres".

Y, poco después, Francisco y León dejaron San Damián para ir a la Porciúncula.

La visión fraternal y maravillosa de Francisco es la de un mundo en proceso de reconciliación. La de un mundo donde es bueno vivir.

Es la mirada que todo lo contempla, desde el centro de la hoguera del amor divino. Todos somos uno, hermanas y hermanos, del mismo Padre.

Francisco, entonces, todo lo contempla desde el centro de esa hoguera del amor de Dios.

Francisco nos ayuda a sacar a la luz de nuestros recuerdos conscientes, lo que muy dentro de nosotros siempre hemos sabido.

Vemos cómo el fuego del amor de Cristo lo invade todo, pues toda oscuridad será disuelta y toda virtud allí brotará. "Fuego vine a echar sobre la tierra, ¿y qué he de querer, sino que se encienda?" (Lc 12, 49).

Hay un antiguo poema medieval que, aún hoy, se canta en la Umbría.

Y, más allá de todas las disputas acerca de cuál era la intención del programa original franciscano, este poema refleja, a través de siglos de cariño popular, ese clima de infinita ternura, amabilidad y dulzura espiritual que rodeará siempre a Francisco de Asís.

El poema dice así:

Un día en su llanto Francisco decía al Señor:
"Yo amo al sol y las estrellas.
Yo amo a Clara y sus hermanas.

Yo amo el corazón del hombre.
Y todo lo bello.
Perdóname, Señor,
Porque sólo debería amarte a ti".

Y muy suavemente el Señor le respondió:
"Yo amo el sol y las estrellas.
Yo amo a Clara y sus hermanas.
Yo amo el corazón del hombre.
Y todo lo bello.
Francisco, no llores,
porque todo eso lo amo yo también".

1.19. Amor entregado

Ha pasado el tiempo.

Es en la Porciúncula, en 1226, donde Francisco vive sus últimos días. Su entrega, total. ¡Bienvenida, hermana muerte!

Pero los hermanos hacían todo lo posible para proporcionar remedio a sus males.

Un día, el hermano León le dijo a Francisco que viajarían a la ciudad de Rieti, donde lo atendería un médico con fama de ser un gran oculista.

El camino hacia Rieti se hacía largo y pesado. Tras numerosas curas, el médico no consiguió ningún resultado, y los hermanos regresaron a Asís.

Pocos meses después, en pleno invierno, alguien propuso a Francisco ir a la ciudad de Siena. Allí, le podrían aplicar un remedio para los ojos y buscarían alivio para su dolencia estomacal.

Francisco prefería no salir de Asís.

Estaba muy débil y parecía no haber remedio para sus males.

Pero se pusieron en las manos de Dios y, al día siguiente, salieron hacia Siena. Le acompañaban varios hermanos.

El tratamiento recibido fue muy duro, pero no hubo mejoría. Entonces, pidió que lo llevaran a la Porciúncula, pues le gustaría morir allí.

Y se ponen en camino.

Cuando ve a lo lejos la ciudad de Asís, se emociona profundamente. Levanta con dificultad el brazo y bendice la ciudad, haciendo la señal de la cruz.

Un poco después, divisan el convento de San Damián. Hacen un alto en el camino y, desde allí, Francisco bendice a Clara y sus hermanas.

Un hermano le preguntó: "Padre, ¿sólo bendices?".

Y Francisco respondió…

Hermano, nosotros solo hemos recibido bendiciones de Dios. Somos hijos de una gran bendición y hombres de bendición. Por eso, sólo podemos bendecir a todos y devolver al Señor lo que Él nos dio antes. Bendigamos siempre, hermanos, no maldigamos nunca a nadie. No juzguemos a nadie. Todos somos pobres y pecadores; pero, sobre todo, somos hermanos.

El hermano que le había hecho aquella pregunta quería guardar las palabras de Francisco en el corazón. También, ser hijo de una bendición y bendecir siempre.

Al llegar a la Porciúncula, Francisco siente una gran alegría. ¡Por fin está en su lugar predilecto! Siempre ha recordado a los hermanos que no abandonaran nunca ese lugar.

Los hermanos lo recibieron con grandes muestras de cariño y se preocuparon al ver su estado físico, aún más deteriorado que cuando había viajado a Siena.

Francisco solicitó al hermano León que no se apartara de su lado; lo necesitaba ahora más que nunca: cada día, se sentía más débil.

También, quería que lo ayudara a redactar su testamento, a escribir a toda la Orden, y a Clara y sus hermanas.

El hermano León estaba dispuesto para que Francisco empezara a dictarle. Cada día, de a ratos, Francisco iba recordando los momentos más importantes de su vida, y pronunciaba su testamento.

Le dijo a León que escribiera insistiendo en que todos los hermanos que estaban en ese momento y los que habrían de venir, debían cumplir estas palabras, sin añadir ni quitar nada. Que las copiaran y llevaran siempre consigo.

Y les termina diciendo: "Yo, el hermano Francisco, soy el servidor de todos y los bendigo".[6]

El hermano León ha terminado de redactar las distintas cartas y documentos. Los diferentes pergaminos son presentados a Francisco para que los firme. Pero no pone su nombre, sino la letra *tau*, la última del alfabeto griego, que se parece a una cruz, y era para los hermanos símbolo de la verdadera penitencia.

Francisco ha comprendido que "sólo Dios merece una entrega absoluta, porque sólo Dios puede ofrecer un amor absolutamente fiable".

Dios es amor. Francisco lo ha entendido perfectamente. Entregarse al amor conduce a un lugar nuevo, donde Dios nos hace libres para ser aquello para lo que nos ha creado.

6 Test 41.

El itinerario de Francisco es de crecimiento hacia "la plena madurez de Cristo" (Ef 4, 13).

Es un itinerario de entrega. Es entregarse al amor. Toda la espiritualidad de Francisco comienza con amor y termina con amor. Así podemos entender ese estribillo que, con frecuencia, repetía: "El amor no es amado, amemos al amor".

1.20. Hermana muerte

Francisco tuvo con mucha antelación conocimiento de la hora de su muerte.

Y, estando cercano el día de su tránsito, comunicó a los hermanos que muy pronto iba a abandonar este mundo, según se lo había revelado el mismo Cristo.

Estaba llegando el final; a través de toda su vida, había sido probado con múltiples enfermedades, y durante dos años había llevado en su cuerpo las llagas de Cristo.

La muerte no toma a Francisco por sorpresa. No le quita su optimismo. Está gozoso. Sabe que el final está cerca y lo quiere vivir dichosamente.

Siente la proximidad de la muerte, y alaba y bendice a Dios con fervor y profunda alegría. Ruega a los hermanos que le canten el "Cántico del Hermano Sol".

Francisco vive fuertemente la bondad paternal de Dios en esos momentos de su muerte. No duda de su amor. Se vuelve a Dios, se ocupa de Dios, lo contempla como Padre de amor.

No deja de cantar el "Cántico de las Criaturas". Porque su muerte es tránsito a Dios, es la gran fiesta, el gran encuentro. Y para atreverse a cantar un himno a la vida, en el momento de la muerte, es preciso haber triunfado antes de la muerte.

Su canto es un canto de pascua, es un canto de resucitado. Francisco entona, en la fe, el himno de victoria de Cristo resucitado.

En el instante de su muerte, escucha la inmensa y fraternal sinfonía de todas las criaturas alabando al buen Padre Dios.

Francisco celebra la muerte. Hace de ese momento una celebración. No es el fracaso de la vida. Es un triunfo. Por eso, realiza este último acto con gran solemnidad. Muere como ha vivido. Celebra con su muerte la muerte de Cristo.

La vida de Francisco se va agotando, y él no quiere dejar de vivir una serie de signos y gestos significativos que lo ponen en total comunión con Cristo y los hermanos.

✠ Pide que le coloquen *desnudo* sobre la desnuda *tierra*. Quiere vivir el total despojo, desnudo, sin nada. Puesto así en la tierra, despojado de su única túnica de saco, volvió el rostro al cielo, y alabó y bendijo a Dios por su gran amor. Luego pide que rocíen su cuerpo con *ceniza* en señal de penitencia.

- Manda llamar a todos los hermanos que estaban en el lugar para que vinieran a él y, alentándolos con palabras, los exhorta con afecto de padre y hermano a que permanezcan siempre guardando la pobreza, y recomienda el Evangelio por encima de las demás disposiciones. Insiste en que los hermanos permanezcan en la santísima pobreza, amando a los pobres en Cristo pobre.
- Luego, Francisco pidió que le trajesen los *Evangelios* y que le leyesen el evangelio de Juan. Quiere recordar la Última Cena de Jesús. Se despide de todos los hermanos, sin olvidar a su querida hermana Clara, a la que le envía un saludo por escrito con un hermano.
- También, manda que le traigan un *pan*. Y hace lo mismo que Jesús: bendice el pan, lo parte y lo da de comer a sus hermanos, un pedacito a cada uno. Se leía el evangelio de Juan, donde se narra la última cena, mientras los hermanos comen, con gran devoción, el pedacito de pan.

Después de vivir todos estos gestos con profundo gozo y en comunión con sus hermanos, la voz de Francisco se empieza a apagar y, ya en un hilo, entona con ella el Salmo 142: "*Alcé mi voz para clamar al Señor…*". Y, al llegar al versículo "*Saca mi alma de la cárcel y daré gracias a tu nombre…*", se hizo un profundo silencio. Francisco acababa de morir cantando.

El hermano tenía 45 años. A 20 años de su conversión, había consumado esta singular historia del Espíritu.

En el bosque y en la cabaña, los hermanos seguían cantando fervorosamente el "Cántico del Hermano Sol".

Francisco yacía en el suelo.

Todo estaba consumado.

Una leyenda antigua cuenta que, en aquel momento crepuscular, centenares de golondrinas se posaron sobre la cabaña de Francisco y, con sus trinos, anunciaban la muerte del hermano Francisco.

Un cortejo triunfal acompañaba al pobre de Dios hasta el umbral del Paraíso. Francisco arrastraba consigo a toda la creación al Paraíso. Había reconciliado la Tierra con el Cielo, la materia con el espíritu. Era la piedad y la misericordia de Dios que retornaban a Casa.

Capítulo 2
FRANCISCO, HOMBRE DE ORACIÓN

Seguir a Cristo Jesús supone para Francisco configurar su propia vida con el Evangelio.

Son las enseñanzas de Jesús lo que él ama y quiere llevar a la práctica en su vida. Pero es, sobre todo, el ejemplo de la vida de Cristo lo que quiere imitar.

Si la oración es esencialmente relación, también es evidente que vivir el seguimiento de Cristo consiste, para Francisco, en transformar toda la vida, incluso su mismo ser, en una pura relación de amor, en una sola oración continua.

Sus primeros biógrafos nos dicen que Francisco era "hecho todo él, no ya sólo orante, sino oración".[7]

Es la oración lo que revela el secreto de su vida y su santidad. Es en la oración donde Francisco, viviendo en contacto con Dios, se renueva continuamente, anhelando de continuo llegar a la total imitación de Cristo.

7 2 C 95.

Es en la oración donde vive esa inmensa comunión de amor que le hace abrazar en Dios todo el universo; es en la oración donde vive esa necesidad incontenible de despojo de sí mismo.

Francisco no quiere nada para él. Su secreto es Dios; su oración, perderse en Él. Perdido en la luz de la contemplación, no pide nada. Su oración es acción de gracias, bendición y alabanza.

2.1. ¿Cómo nace y se alimenta su oración?

Francisco vive en el siglo XIII, tiempo durante el cual, en muchas partes de la Iglesia, ya se vivía una gran distancia entre el ministerio celebrado y la realidad vivida.

Todos sabemos que una persona depende mucho del ambiente en que se mueve.

En esa época, la liturgia era la primera fuente de la espiritualidad de todos los fieles. Las oraciones litúrgicas, las antífonas y los himnos que, poco a poco, fueron formulados, eran expresión viva y auténtica de la fe de la Iglesia.

Las personas necesitan encontrar formas concretas y accesibles para vivenciar la fe.

No podemos olvidar que, en aquella época, surgieron muchas nuevas devociones: algunas centradas en la humanidad y los sufrimientos de Cristo, y otras eucarísticas, marianas, o de otros santos y mártires.[8]

Por otro lado, debemos también recordar que, en los tiempos de Francisco, la Iglesia jerárquica, con su liturgia, buscaba manifestar al máximo la gloria de Dios.

Francisco y sus hermanos entendieron que lo fundamental para el creyente es el encuentro con su Dios.

Por eso, construyó su vida alrededor de esta experiencia, de modo que, como hemos señalado anteriormente, para su primer biógrafo, Francisco más que ser un hombre de oración era la oración misma.

Julio Micó, en su libro *Vivir el Evangelio. La espiritualidad de Francisco de Asís*, señala lo siguiente:

> *Para que haya oración se necesitan dos personas y una relación: Dios, el hombre y el encuentro de ambos. Pero, si nos fijamos en el modo de realizarse este encuentro, comprobamos que es el hombre el que determina la forma cultural de imaginarse a Dios y, por lo tanto, la manera de materializar este encuentro con lo divino.*

Muchos elementos influyen en la vida de Francisco al tener que imaginarse la imagen de Dios.

8 M. Florentino, *Francisco de Asís y la liturgia*, Vitoria, Aranzazu, 2019, p.

Este Dios de contrastes es el que nos muestra Jesús, y que configuró la imagen de lo divino que cristalizó en la experiencia de Francisco.

Y sigue indicando Micó lo siguiente:

> *Entre los componentes que ayudaron a Francisco a representarse a Dios destaca la liturgia. En ella descubrió la Escritura, proclamada y celebrada en la Iglesia. La influencia de la liturgia hay que ponerla como elemento determinante de la personalidad de Francisco, ya que la imagen que se formó de la divinidad fue como la matriz que modeló su actividad orante, puesto que solemos abrir y entregar nuestro corazón al Dios que nos imaginamos.*[9]

2.2. Influencia de la liturgia

Comenzamos señalando que la palabra "liturgia" posiblemente no fue conocida por Francisco ni tampoco por sus contemporáneos.

Este vocablo, que es de origen griego, no fue incorporado por el latín eclesiástico cuando, en el siglo IV, los textos fueron traducidos del griego y la liturgia romana pasó a ser latina.

Lo que en griego se llamaba "liturgia" pasó a ser designado como "oficio divino" o "ministerio divino".

9 O. c., p. 198.

De hecho, encontramos muchas veces la palabra "oficio divino", que entonces no significaba sólo la liturgia de las horas, como en general entendemos hoy, sino también la misa y las demás celebraciones eclesiales.

Lo mismo que la imagen de Dios se fraguó en Francisco a partir de la liturgia, también su oración nació y se alimentó, preferentemente, a partir de la liturgia de la Iglesia.

La oración oficial de la Iglesia era, fundamentalmente, la liturgia.

Los monjes constituían el modelo de oración, por su dedicación al canto del oficio divino y demás celebraciones. Por lo tanto, no es de extrañar que el prototipo medieval de la oración fuera el litúrgico o paralitúrgico.[10]

También, habría que señalar que a Francisco le facilitó el acceso a la oración litúrgica el conocimiento del latín, que aprendió en la escuela.

Si a esto añadimos su normal participación en la liturgia parroquial y el conocimiento que pudo tener del oficio divino cantado por los canónigos y los monjes, tendremos unos de los factores que influyeron en su forma de orar.

Sabemos que los monjes en las abadías y los canónigos en las catedrales vivían con mucha solemnidad el oficio divino. Lo que, sin duda, manifestaba la grandeza del misterio.

10 J. Micó, o. c., p. 198.

Pero el pueblo sencillo, los laicos, en cierto sentido, estaban al margen de estas celebraciones.[11]

Francisco, por su condición de laico, era muy sensible a las formas de oración que practicaba el pueblo; una oración donde predominaba lo sensible, lo corpóreo.

Sucede que la oración del pueblo medieval, más que de conceptos, estaba formada de gestos, de expresiones corporales. Por eso, Julio Micó dice que Francisco, a la hora de encontrarse con su Señor, reza con su cuerpo, y peregrina, canta, gime, ríe y llora, como la forma más natural y sincera de presentarse ante Dios.

Esta fusión de oración litúrgica y popular es lo que hace a Francisco un orante que, hundiendo sus raíces en la liturgia, es capaz de ofrecerla al pueblo, a la gente sencilla, de maneras diáfanas y asimilables.[12]

2.3. Influencia de la oración monástica

La identidad de los monjes está determinada por su oración de alabanza, hasta el punto de que monje es aquel que invoca a Dios por medio de una oración incesante, una oración que se traduce en la recitación del oficio o en la reflexión sobre él.

11 M. Florentino, o. c., pp. 10-11.

12 J. Micó, o. c., p. 199.

El monje es, pues, un creyente que vive de la Palabra y para la Palabra, y organiza toda su vida como respuesta al Dios que le habla por su Hijo Jesucristo.

En la tradición monástica, la vida de oración cristalizó en una doble forma: la oración pública y la privada.

Sin embargo, para los antiguos monjes, estas dos formas no diferían demasiado. La oración personal y silenciosa estaba en el centro de la oración pública, mientras que la recitación de la Escritura sostenía la oración personal.

El oficio divino comporta dos elementos básicos: el salmo y la oración.

El salmo, propiamente hablando, no es una oración, sino la preparación o invitación a orar. Después de leer o escuchar el salmo, se ora en silencio durante algún tiempo. Entendido como Palabra de Dios, el salmo suscita una respuesta: la oración propiamente dicha.

La invitación de Jesús a *orar sin desfallecer* (Lc 18, 1) fraguó enseguida en el monacato y las Reglas, que adoptaron esta práctica y alargaron desmesuradamente el Oficio, sin dejar lugar a otras actividades, como el trabajo.

Sin embargo, el monacato latino, representado por san Benito, elaboró una doctrina equilibrada del trabajo y de la plegaria, el conocido *ora et labora*. Para san Benito, trabajo y oración no se oponen. Se puede trabajar y, al mismo tiempo, recitar la Escritura.[13]

La jornada monástica adquiere así una perfecta unidad. De la mañana a la noche, el monje escucha a Dios que le habla y, a su vez, le responde con su oración.

Uno de los presupuestos ambientales en la oración de Francisco es la oración monástica.

2.4. La oración eremítica[14]

Otra de las fuentes que alimentó la oración de Francisco fue la eremítica.

La gran floración de ermitaños que, a partir del siglo XI, conoció el Occidente, tuvo una especial repercusión en la Italia central, la de donde vivía Francisco.

Al hablar de vida eremítica, hay que tener en cuenta la variedad de formas a las que alude este término.

La vida eremítica medieval tiene poco en común con los anacoretas que poblaron el desierto de Egipto, quienes más que solitarios, eran penitentes.

13 O. c., pp. 199-200.
14 O. c., pp. 200-202.

Algunos de esos eremitas se agrupaban en monasterios, como los cartujos y los camaldulenses. Otros vivían aislados en medio del bosque, aunque alternaban esta soledad y retiro con períodos de predicación itinerante.

Por ello, el tipo de oración que configuraba la vida de unos y otros difería notablemente.

En general, podemos decir que la vida eremítica busca la soledad para vivir con Dios. Esta soledad constituye para él el lugar de la presencia de la divinidad y, también, el encuentro con ella.

La oración de los eremitas se caracterizaba por la búsqueda de una renuncia y de una simplicidad cada vez más absolutas. Entonces, consistirá sencillamente en la observancia del silencio, de la inmovilidad —sin palabras y sin pensamientos—, experimentando, de una forma oscura pero cierta, la presencia de Dios.

Podemos decir que la oración eremítica se caracteriza por una gran libertad, no sólo porque respeta el método, sino también respecto de cualquier forma de oración impuesta desde fuera.

Así, tratará de rechazar todo aquello que no nazca espontáneamente de la experiencia del momento y del impulso del Espíritu. Esto no se puede aplicar a todos. Los eremitas llegaron a un equilibrio grande entre soledad y plegaria comunitaria.

También queremos señalar la presencia de otros eremitas aislados, que compartían con el pueblo su experiencia espiritual. Pero no sabemos, a ciencia cierta, cómo concretaban su relación con Dios.

Ciertamente, no era la liturgia la forma prioritaria de su oración, puesto que, en la mayoría de los casos, su cultura no llegaba a tanto. El talante popular de su espiritualidad les llevaba a practicar, más bien, una oración de formas y gestos, donde la recitación mecánica del padrenuestro constituía la parte esencial.

La vida eremítica no fue una novedad en la vida de Francisco y sus hermanos.

La Iglesia tenía ya una larga tradición de hombres y mujeres que, abandonando las ciudades, se habían adentrado en la soledad para vivir de una forma radical su experiencia religiosa.

Una de las características del eremitismo del siglo XII es su pluriformidad, hasta el punto de que, más que una forma de vida, es un estado de ánimo.

En general, las fundaciones duran poco y no logran transmitir su espiritualidad al pueblo. La única que perduró y marcó con mayor intensidad la espiritualidad fue la de los cartujos.

2.5. La oración de los laicos[15]

La transformación de las estructuras eclesiales y jerárquicas tradicionales, producida por las reformas gregorianas, afectó también a la gran masa de los laicos.

Si anteriormente habían sido escasos y sin repercusión alguna los movimientos de reforma locales, ahora era la propia masa del pueblo la que tomaba conciencia de su protagonismo, y aspiraba a una salvación que no tuviera al clero por intermediario.

Fuera de la oración litúrgica de los monjes no hay, en la Edad Media, rastro literario de otras formas de oración.

La masa popular del siglo XII, incapaz de pensar e, incluso, de imaginar en términos abstractos, realiza su experiencia religiosa a nivel de los gestos y los ritos que la pusieran en contacto con la esfera de lo sobrenatural.

Al hablar de la oración de los laicos, no podemos tener una visión plana que distorsione la realidad.

Además de la masa popular, inculta y sin apenas vida interior, había otros grupos de laicos con mayor preparación y una vida espiritual más intensa.

A pesar de la pluralidad, todos estos grupos de laicos mantienen unas formas comunes respecto de la oración, que los distinguen del estamento monástico y clerical.

15 O. c., pp. 202-203.

La oración popular, más que de largas meditaciones, está tejida de dinamismos plásticos. Peregrinaciones, devociones, representaciones religiosas, procesiones… constituyen la trama de la piedad popular que les permite orar y saberse en la presencia de Dios.

Capítulo 3
LA ORACIÓN DE FRANCISCO

Como hemos señalado anteriormente, el pluralismo orante, la oración culta y la oración popular se unifican en la persona de Francisco.

Debido a su formación y a la firme voluntad de vivir el Evangelio de un modo eclesial, la oración de Francisco sirve de enlace y de encuentro entre la plegaria oficial y la oración del pueblo.[16]

Mirando los escritos y las biografías primitivas, podemos darnos cuenta de que la oración de Francisco hunde sus raíces tanto en la plegaria culta o litúrgica como en la popular.

La oración no es un acto mecánico al que se llega de cualquier forma. Necesita un pórtico que prepare el encuentro personal con el Señor; y, una vez en su presencia, requiere un ambiente que prolongue en el tiempo la huella que Dios deja en el hombre.[17]

16 O. c., p. 204.

17 Ibídem

Francisco ha sido considerado como un hombre que vivió y dio testimonio de una profunda experiencia de Dios, en particular en la oración. Por eso podemos decir que su espiritualidad es oración, su carisma, su vida religiosa depende toda ella de su oración.

La oración constituye en Francisco la fuente generadora de toda su vida; sus escritos, en efecto, giran en torno al argumento fundamental, que es la oración.

La verdadera vida de Francisco es la oración. En la oración se renueva; es en la oración donde vive la inmensa comunión de amor que lo hace abrazar en Dios a todo el universo; es en la oración donde vive una necesidad incontenible de despojo de sí mismo.

La oración de Francisco es, antes que nada, la expresión de esta relación de amor apasionado que mantiene con Cristo Jesús, tal como lo ha conocido en el Evangelio y como lo encuentra en el misterio eucarístico y, a continuación, en cada hombre, en cada criatura. Toda la creación está llena de su presencia.[18]

Este capítulo no quiere ser un tratado sobre la oración de Francisco.

El tema de la oración es muy estudiado.

18 D. Barsotti, *San Francisco oración viviente*, Bilbao, Desclée De Brouwer, 2012, pp. 37-41.

Por lo tanto, nos proponemos ofrecer algunos elementos de tipo pedagógico, que nos ayuden a adentrarnos en el tema de la oración, para orar mejor y amar más la oración.

Francisco puede ser un buen maestro. No nos ha dejado ningún tratado sobre la oración. Es un hombre hecho oración. Ha orado, bendecido, alabado y dado gracias. Su oración es perderse en Dios continuamente.

Es el Espíritu el que lo conduce por estos caminos, y es el que lleva a cabo la purificación, proporciona la iluminación y consuma la unión en el amor. La acción del Espíritu es condición para el seguimiento de Cristo. Y sabemos que el seguimiento de Cristo se encuentra en el centro de su vida.

Seguir a Cristo Jesús supone para Francisco configurar su propia vida con el Evangelio.

Cristo es la única regla y forma de vida. Son las enseñanzas de Jesús lo que Francisco ama y quiere llevar a la práctica en su vida; pero, sobre todo, es el ejemplo de la vida de Cristo lo que quiere imitar: su humildad y pobreza.

Francisco vive, sobre todo, el seguimiento de Cristo en dependencia del Espíritu; de este modo, la dependencia de la acción del Espíritu es en Francisco la ley fundamental de la vida.

3.1. ¿Qué es la oración para Francisco?

Las biografías de Francisco son unánimes en afirmar que la oración era su mayor deleite.

La oración y la meditación ocupan el lugar central de su vida. La oración es la fuente de donde bebe, es el secreto de su persona. Es, sobre todo, la experiencia de amor apasionado que mantiene con Jesús.

3.1.1. Orar para Francisco es un don

No es un peso, ni una obligación, ni una exigencia opresora, ni perder el tiempo…

Orar, para Francisco, es estar mucho tiempo con el amado y probar con él sus delicias.

Tomás de Celano nos ofrece un relato precioso que resume la actitud de Francisco ante la oración.

> *Su puerto seguro era la oración; pero no una oración fugaz, ni vacía, ni presuntuosa, sino una oración prolongada, colmada de devoción y tranquilidad en la humildad. Podía comenzarla al anochecer y con dificultad la había terminado a la mañana; fuese de camino o estuviese quieto, comiendo o bebiendo, siempre estaba entregado a la oración. Acostumbraba salir de noche a solas para orar en iglesias abandonadas y aisladas; bajo la divina*

gracia, superó en ellas muchos temores y angustias de espíritu[19].

Francisco sabía que la oración es una gracia, pero una gracia que exige el empeño personal para realizarla y progresar en ella.

Por eso, no escatimó esfuerzos para intentar profundizar cada día más este itinerario hacia Dios.

Pues no basta esperar a que Dios conceda este don, sino que cada uno debe buscarlo con insistencia para lograrlo. Si estaban decididos a orar, debían esforzarse verdaderamente.

Así se afirma en la *Leyenda mayor*, de san Buenaventura.[20]

> *Francisco afirmaba rotundamente que el religioso debe desear, por encima de todas las cosas, la gracia de la oración; y, convencido de que sin la oración nadie puede progresar en el servicio divino, exhortaba a los hermanos, con todos los medios posibles, a que se dedicaran a su ejercicio.*[21]

19 1 C 71.

20 M. Florentino, o. c., pp. 16-17.

21 LM 10, 1.

3.1.2. Orar es estar con Dios

Francisco tenía una verdadera sed de Dios, ansiaba sumergirse en Él. Así nos lo confirma Tomás de Celano.

> *Francisco, ausente del Señor en el cuerpo, se esforzaba por estar presente en el espíritu en el cielo... Con toda el alma, anhelaba con ansia a su Dios, que en Cristo se consagraba todo él, no sólo en el corazón, sino en el cuerpo... Cuando no podía orar por estar en público..., hacía de su corazón un templo... Así, todo él no ya sólo orante, sino oración, enderezaba todo en él —mirada interior y afectos— hacia lo único que buscaba en el Señor.*[22]

Francisco ha elegido la mejor parte. Estar con Dios. Buscarlo siempre.

La parte de "mi herencia y mi copa" es el Señor. Es el don de Dios, es el amor de Dios por nosotros.

Por eso, tenemos que descubrir que nuestra vida no se define por la multiplicidad de nuestros trabajos, sino por esta parte que se nos ofrece, y que es el amor de Jesús por nosotros, la presencia de Dios en nuestras vidas.

Participar de ella, recibir lo que Dios nos reserva, que es el don de sí mismo.

22 2 C 94-95.

Francisco ha aceptado estar con Dios con todo su ser, ha aceptado dejarse amar, ha aceptado recibir el don de Dios.

3.1.3. Orar es la principal vocación de la fraternidad.

En consecuencia, ningún otro trabajo o servicio podría anteponerse a ella, porque la oración no podía quedar nunca en segundo plano, por muy importantes que fueran las otras ocupaciones.

Esto lo vemos en los primeros tiempos de la fraternidad de Francisco, como nos narra la *Leyenda de los tres compañeros*.

> *Entonces, dijo el varón de Dios a los hermanos: "Bien sé, hermanos, que el Señor no nos ha llamado para preparar albergue a ningún asno ni para recibir frecuentes visitas de hombres, sino para que nos dediquemos principalmente a la oración y acción de gracias, predicando de tanto en tanto a los hombres el camino de la salvación y dándoles consejos saludables.".*[23]

Francisco estaba convencido de que la oración era el motor de toda la vida de la fraternidad.

Hasta la eficacia de los trabajos apostólicos se realizaba por la fuerza de la oración. Porque, creía, de nada sirve gastar tanta energía con los estudios y con la predicación si se olvida la oración.

23 TC 55.

Hay muchos hermanos que ponen todo su afán y todo su cuidado en adquirir ciencia al margen de su santa vocación, y andan... fuera del camino de la humildad y de la santa oración. Y, cuando predican al pueblo y ven que se ha producido alguna edificación..., se envanecen y enorgullecen de la obra y ganancia ajena, como si fuera suya... Y nada, en verdad, han obrado por sí mismos, sino como meros instrumentos de aquellos a través de los cuales el Señor ha producido tales frutos.[24]

3.1.4. Orar es unificar la vida

Francisco no ha perdido su unidad interior, no está identificado con sus gestos, ni las acciones, ni los proyectos que lo reclaman.

Sabe aceptar el recibir del Señor su unidad interior, fundada en la comunión con él, en el don que el mismo Señor le hace de su propia persona.

Francisco ha recibido su unidad interior de su relación con Dios.

Es entonces cuando puede vivir a partir de lo que él es verdaderamente, de lo que es para Dios y de lo que es para los otros; es entonces cuando aprende a recibirse de Dios y a compartir con los demás la realidad de su vida.

24 EP 72.

Francisco descubre ante Dios que es amado de forma gratuita, simplemente porque Dios es bueno, porque es el amor que se da.

¿Cómo comienza la oración de Francisco? Por un nombre: "Padre".

Entrar en oración es siempre volvernos hacia Dios, nuestro Padre. Volver el corazón a Dios. Nos volvemos hacia él como hijos que aceptan dejarse engendrar y amar por él, nuestro Padre.

En el pensamiento de Francisco, esta unidad interior es también fundamental en los hermanos dedicados a la predicación. Quería que el propio predicador no sólo tuviera conciencia del valor de la oración de los sencillos, sino que fuera también él un hombre de oración, pues la predicación desconectada de la oración es vacía, carece de fuerza y sentido.[25]

> *El predicador debe primero sacar de la oración hecha el secreto de lo que vaya a difundir después por los discursos sagrados; debe antes enardecerse interiormente, no sea que transmita palabras que no llevan vida.*[26]

El predicador debe saber que la vida se unifica a partir de su relación con Dios y, dentro de esta relación, todo está llamado a encontrar su verdadero lugar.

25 M. Florentino, o. c., p. 20.

26 2 C 163.

Por eso, debe saber priorizar y encontrar tiempo también para la oración, porque no es válida la excusa de que son tantos los trabajos que no hay tiempo para orar. En ese sentido, señala Tomás de Celano que "decía que distribuyen mal el tiempo quienes se dan del todo a la predicación sin reservar nada a la devoción".[27]

Francisco es también consciente de que la oración no basta por sí sola si no llega a transformar la vida del orante.

Una vida de oración superficial, aunque cumplidora de todos los horarios y sabedora de todas las fórmulas, puede generar hermanos lejanos del ideal evangélico.[28]

3.1.5. Orar es contemplar

Francisco era un contemplativo. Contemplar es acercarse a las cosas y a los hombres de forma respetuosa para iniciar un diálogo desde el ser.

Según el diccionario de la Real Academia Española (RAE), la palabra "contemplar", dicho del alma, significa: "Ocuparse con intensidad en pensar en Dios y considerar sus atributos divinos o los misterios de la religión".

La teología puntualiza al respecto al decir: "Contemplación es conocer, gustar y sentir la verdad de Dios, la del hombre y la verdad del mundo. Obra de la inteligencia

27 2 C 164.

28 Ibídem, 21.

y también de la voluntad, tiene su causa y término en el amor".

1. Contemplar las cosas[29]

Francisco poseyó esa sensibilidad contemplativa que le permitía captar los múltiples detalles de las cosas. Como contemplativo, tenía un diálogo interior con todo lo que le rodeaba, gozando de todo. La belleza de los bosques, ríos, sol, luna, estrellas, pájaros, montañas... De todo es capaz de alabar, bendecir y agradecer a Dios. Ese talante contemplativo de Francisco nos lo expresa muy bien Tomás de Celano.[30]

2. Contemplar al ser humano[31]

La contemplación no se limita a percibir las cosas con un respeto admirativo. Es extensible también a nuestras relaciones con los demás seres humanos. Los demás no nos pertenecen, por lo que el encuentro con ellos excluye todo afán de dominio, y permite y procura favorecer la propia realización en libertad. Francisco se pone siempre como servidor. Contempla en el ser humano la obra de la creación, donde Dios ha volcado todo su amor de una forma respetuosa. Cada persona, cada hermano es un don del Señor. La mirada de Francisco está limpia de toda posesión. Esta es la actitud contemplativa que acompañó a Francisco en su caminar hacia Dios.

29 J. Micó, o. c., p. 205.

30 1 C 3.

31 Ibídem 205-206.

3. Contemplar a Dios[32]

En este sentido, podemos decir que contemplar es percibir intuitivamente lo que es Dios y lo que es el hombre, y el lugar que ocupa cada uno en este encuentro personal. La expresión de Francisco: "¿Quién eres tú, dulcísimo Dios mío? Y, ¿quién soy yo, gusano vilísimo e inútil siervo tuyo?",[33] después de recibir las llagas, es el exponente de lo que significaba para él la contemplación.

La relación de Francisco con su Dios es abierta, respetuosa, gratificante, en la que su ser se iba empapando de Dios en la medida en que consentía en la realización de su voluntad. Sabe Francisco que el deseo de orar es un deseo que Dios ha puesto en su corazón, porque anhela amistad, relación con él. Hay que presentarse ante Dios como se es y tal como se está. Él ama con ternura y misericordia infinita a cada ser humano en su realidad. Desde esta situación en que se halla, lo invita a crecer, a desarrollar todos los dones y potencialidades que cada uno guarda en su interior. En esta dinámica de crecimiento, uno se siente plenamente feliz y hace felices a todos los que están a su lado. La plenitud consiste en vivir recibiendo, y dando amor a Dios y a los demás.[34]

32 Ibídem, 206-207.

33 Ll 3.

34 Ibídem, 207.

3.1.6. Orar es celebrar

Francisco es un verdadero celebrante. Celebrar es un verbo de acción, activo, que responde a ciertos deseos básicos y necesidades vitales. Para el diccionario de la RAE, *celebrar* puede significar "alabar", "aplaudir", "reverenciar", "venerar solemnemente con culto público los misterios de la religión y la memoria de los santos". También, tiene como significado "hacer solemnemente y con los requisitos necesarios alguna función".

Dios, para Francisco, suponía la afirmación humana, la posibilidad del hombre, el camino de la propia realización personal. Dios para Francisco era una fiesta, un gozo, una celebración. Nos cuentan las fuentes franciscanas que su gozo se expresa en saltos, en canciones, en gestos…[35]

San Buenaventura describe a Francisco como "cantor y adorador de Dios".[36] Vemos cómo, en las oraciones de Francisco, sobresale la *alabanza, acción de gracias y la adoración.* Sólo encontramos dos peticiones en sentido estricto. Estaba el deseo en su corazón de alabar, bendecir y celebrar a Dios continuamente.

> *Debemos estar muy atentos para no apartar del Señor nuestra mente y corazón. Antes bien…, sirvamos, amemos, honremos y adoremos al Señor Dios con limpio corazón y mente pura, haciendo en ellos habitación y morada; pues conviene estar vigilante, orando en todo tiempo,*

35 1 C 2; 2 C 4; TC 2; TC 13.

36 LM 8, 10.

para ser considerados dignos de superar los males futuros y mantenerse en pie ante el Hijo del hombre. Por eso hay que adorarlo con puro corazón, porque es preciso orar siempre y no desfallecer.[37]

Esta misma insistencia en la celebrativa se repite innumerables veces a través de sus Escritos, donde recomienda a todos los hermanos "que tengamos en el corazón y amemos, honremos, adoremos, sirvamos, alabemos y bendigamos, glorifiquemos y sobreexaltemos, engrandezcamos y demos gracias al altísimo y sumo Dios".[38]

3.2. ¿Cómo es la oración de Francisco?

La oración de Francisco es, sobre todo, *alabanza, acción de gracias y adoración*. Es siempre una oración que lo abarca todo, incluso las cosas inanimadas, en Cristo. Es alabanza, acción de gracias, bendición y adoración que tributa al Padre, en el querido hijo Cristo Jesús, con la fuerza del Espíritu Santo.

Francisco siente su impotencia para alabar, bendecir y dar gracias por sus propios medios; y, por eso, pide que la única acción de gracias válida y digna del Padre sea en el mismo hijo Jesucristo: "Ofrecemos a tu majestad divina".

37 Cf. 1 R 22, 19; 2 R 10, 9; Adm 16; 2 CtaF 19-21.

38 1 R 23, 10-11.

Francisco se abandona por completo a la acción del Espíritu. Este Espíritu es fuego que purifica para identificarse más con Cristo, a fin de ser alabanza del Padre. Todo está ordenado hacia la alabanza, la bendición, la gloria de Dios. Hacer siempre lo que le agrada al Señor. Con este cumplimiento de la voluntad de Dios, limpiado e iluminado interiormente por el fuego del Espíritu Santo, sigue Francisco a Cristo. Nadie está dispensado de hacer lo que sabemos que Dios quiere, de cumplir su voluntad. Sólo con este cumplimiento de la voluntad divina nos limpiará el Espíritu Santo. Y sólo con el deseo de cumplir siempre esta voluntad llevará a cabo el Espíritu nuestra purificación.[39]

La vida de Francisco es oración. Y esta oración implica, invariablemente, una triple referencia. Porque el Dios que tiene delante Francisco es siempre el Dios Trinitario: Padre, Hijo y Espíritu Santo. Una relación con el Padre que es la fuente; una relación con el Hijo, que es la vida, y una relación con el Espíritu Santo, que es la energía. En todo, hay una dependencia de la acción de Dios, que da la gracia, y del Espíritu Santo.

Así lo señala Divo Barsotti.

> *Francisco vive la docilidad al Espíritu Santo constantemente. Y sólo vive en dependencia de Él. Vivir no es nunca para Francisco la aplicación de una regla. Es siempre la pura dependencia de una acción secreta del Espíritu de Dios, algo que él siente en sí mismo. Por eso vive una profunda libertad, precisamente porque vive una perfecta*

39 D. Barsotti, o. c., p. 364.

> *libertad a una acción del Espíritu Santo que actúa en él.*[40]

Francisco vive siempre en dependencia de Dios. Dios es todo para él.

Poco a poco, va descubriendo que el Hijo es la fuente desbordante e inagotable del Espíritu, y que sólo el Espíritu nos permite acoger, expresar, vivir la vida de Jesús, y nos abre el camino de la oración, del diálogo con Dios. El Espíritu lo abre al porvenir imprevisto de Dios de una manera muy creativa. Veamos algunos elementos que nos pueden hacer comprender mejor cómo era la oración de Francisco.

La oración de Francisco no era racional, ni fría, ni calculadora, sino una oración afectiva, conectada al corazón. Francisco tenía sed de Dios, lo mismo que tenía sed de la salvación de sus hermanos. Sed de silencios y sed de coloquios. Silencio e interioridad: las dos cosas son para Francisco mucho más un despertar del corazón que un retiro en un espacio determinado.[41]

> *Dondequiera que estemos o adondequiera que vayamos, llevamos siempre nuestra celda con nosotros. Nuestra celda es nuestro hermano cuerpo, y nuestra alma es el ermitaño que habita en esa celda para rezar a Dios y meditar.*[42]

40 O. c., p. 366.

41 M. Hubaut, *El camino franciscano*, Estela, Verbo Divino, 1984, p. 58.

42 LP, 80.

3.2.1. Orar con el cuerpo y el alma

Todo el cuerpo de Francisco se hacía oración. Las fuentes franciscanas nos cuentan que Francisco oraba también con el cuerpo. Es muy interesante la reflexión que hace Raoul Manselli sobre los gestos y ritos que hace Francisco, y que son ciertamente su modo más concreto de predicar.[43]

Su oración estaba, con frecuencia, acompañada de gestos y sostenida por ayunos. Sus manos alzadas; sus llantos, lágrimas y gemidos; sus postraciones; sus golpes en el pecho; sus cantos y sus movimientos indicaban la intensidad con que él vivía el diálogo y el encuentro con el Señor. Dice Leonardo Lehmann que "todo ora en Francisco: el corazón, el espíritu, el cuerpo y todos los sentidos".[44]

- *De corazón*. Francisco se liberó progresivamente de sí mismo, atraído por la persona de Jesucristo. Para Francisco, el retorno al corazón es encuentro con el rostro de Cristo Crucificado, la Palabra del Padre. Nosotros, guardando la Palabra en nuestro interior y adorando a Dios con corazón y mente pura, podemos, en el Espíritu, volver al "corazón" para convertirnos en "habitación y morada" de Dios.

Francisco podía dominar sus sentidos exteriores y contener las emociones. Pero, cuando estaba solo, daba rienda

43 R. Manselli, *El gesto como predicación para san Francisco de Asís*, Selecciones de Franciscanismo N° 33 (1982) pp. 413-426.

44 L. Lehmann, *Francisco, maestro de oración*. Arantzazu, Ediciones Franciscanas Arantzazu, 1988, p. 26.

suelta a los sentimientos de su corazón y a las efusiones de su espíritu. Todas sus biografías nos subrayan que la oración de Francisco era verdaderamente sentida, salida del corazón. Así, "hecho todo él no ya sólo orante, sino oración...".[45]

✣ *Con todos los sentidos*. Toda la vida de Jesús impactó en la de Francisco. Así queda patente cómo en el monte Alverna, meditando la pasión del Señor, queda totalmente identificado con el Cristo crucificado y recibe el don de los estigmas. Su permanente disponibilidad y actitud hacia la oración lo transforma en oración. También, su capacidad de interpretar lo lleva a escenificar momentos de la vida de Jesús y a identificarse plenamente con él. La sensibilidad de su devoción se manifiesta, sobre todo, en la conocida escenificación del nacimiento de Cristo, llevado a cabo en Greccio durante las navidades de 1223.[46] Así dice Francisco de esa escenificación navideña.

> *Deseo celebrar la manera del Niño que nació en Belén y quiero contemplar de alguna manera con mis ojos lo que sufrió en su invalidez de niño, cómo fue reclinado en el pesebre y cómo fue colocado sobre heno entre el buey y el asno.*[47]

Todos los sentidos están pendientes del acontecimiento de Belén. "Cuando Francisco pronunciaba el nombre de 'el Niño de Bethleen' pronunciaba 'Bethleem' como oveja

45 2 Cel 95.

46 Acontecimiento cuyos 800 años estamos celebrando.

47 1 C 84b.

que bala, su boca se llena de voz; más aún, de tierna afección. Cuando llama 'niño de Bethleem' o Jesús, se pasaba la lengua por los labios, como si gustara o saboreara en su paladar la dulzura de estas palabras".[48]

Todo Francisco estaba poseído y totalmente prendido por el amor de Jesús. Así lo expresa su primer biógrafo, Tomás de Celano:

> *Jesús en el corazón,*
> *Jesús en los labios,*
> *Jesús en los oídos,*
> *Jesús en los ojos,*
> *Jesús en las manos,*
> *Jesús presente siempre en todos sus miembros.*[49]

✠ *Arrodillándose, postrados en tierra.* Francisco oraba con todo el cuerpo. Su oración estaba acompañada, con frecuencia, de gestos, signos, aclamaciones… Entiende que la fe y la devoción que están en el corazón necesitan encontrar la adecuada expresión corporal. La expresión corporal era tan importante en Francisco que Tomás de Celano llega a decir que "había convertido en lengua todo su cuerpo". [50]

El gesto adecuado fortalece la oración. Francisco entiende que adorar a Dios se hace también con el cuerpo: "Ha-

48 1 C 86a.
49 1 C 115b.
50 1 C 97.

béis de adorar con temor y reverencia, inclinados hasta el suelo".[51]

No es la mente o el corazón solos los que oran, adoran o suplican, sino el hombre entero. En Francisco, así lo testimonian sus biógrafos, se encuentra esta perfecta sincronización entre su cuerpo y su espíritu.

> *Postrado en la oración de Dios, no menos con el corazón que con el cuerpo, pedía en humilde súplica que Dios benigno, Padre de las misericordias y Dios de todo consuelo, se dignara manifestarle su voluntad*[52].

El respeto profundo a Dios, en la persona de Jesucristo, con la fuerza del Espíritu, se expresa con la postración, con la proximidad a la tierra; ese tenderse en el suelo, rostro a tierra y con los brazos extendidos en forma de cruz. La postración, el darse golpes en el pecho expresan, sobre todo, la caducidad natural, la indignidad y la culpa del ser humano.[53]

3.2.2. Orar con la palabra de Dios en el corazón y el corazón vuelto a Dios

La oración es permanencia amorosa en la presencia de Dios, una incesante unión con Él. La fuente principal de la espiritualidad franciscana es la Palabra. Francisco acogió e

51 CtaO 4.

52 1 C 93.

53 L. Lehmann, o. c., p. 26.

hizo suya la Palabra del Evangelio, que es Jesús mismo. Por eso dice: "La regla y vida de los hermanos menores es esta: guardar el santo Evangelio de nuestro Señor Jesucristo y seguir sus huellas".

Y Francisco nos pide, además…

> *Inclinad el oído de vuestro corazón y obedeced a la voz del Hijo de Dios. Guardad sus mandamientos con todo vuestro corazón y cumplid sus consejos perfectamente.*[54]

Y, por ello, debemos superar…

> *La solicitud y las fatigas de este siglo, y las seducciones de la riqueza, y las concupiscencias de las demás cosas que les penetra y ahogan la palabra.*[55]

> *Para que no sea que so pretexto de alguna merced, o quehacer, o favor, perdamos o apartemos del Señor nuestra mente y corazón.*[56]

Además, siguiendo esta lógica, san Francisco nos exhorta.

> *Restituyamos todos los bienes al Señor Dios altísimo y sumo, y reconozcamos que todos son suyos y démosle gracias por todos ellos, ya que todo bien de él procede.*[57]

---

54 Cta O 6-7.

55 1 R 22, 16.

56 1 R 22, 25.

57 1 R 17, 17.

✣ *Cantar el evangelio*. Francisco ha descubierto que ser cristiano es un acontecimiento grandioso, un acontecimiento que hace explotar la alegría de nuestra tierra. Se nos da a Jesús que está vivo, y él nos da la vida nueva a todos nosotros. Esto hace que Francisco baile y cante. Una alegría que brota de Cristo y que conduce a Cristo.

> *Evitaba con especialísimo cuidado la perniciosa enfermedad de la tristeza, de tal suerte que, apenas conocía asomarse a ella a su pensamiento, volaba al instante a la oración. Porque decía: "Cuando el siervo de Dios se siente conturbado por alguna cosa, debe acudir prontamente a la oración y permanecer en presencia del Padre celestial hasta recobrar su saludable alegría.*[58]

Por eso, podemos decir que uno de los carismas de Francisco es el hacer cantar el Evangelio. La fraternidad de Francisco es un verdadero canto. Es el gozo de salir de sí mismo para encontrarse con los demás hermanos. En ello está la alegría. La alegría de amar gratuitamente. El secreto de esta fraternidad es el arte de la sencillez. La "pura y santa sencillez" de Francisco fue, y sigue siendo, una verdadera escuela viva para sus hermanos y para todos los que deseen una vida sencilla, y se dejen simplificar y unificar por el Espíritu de Jesús.

✣ *Escuchar el Evangelio*. Francisco escucha la Palabra de Dios como si estuviera escrita para él, sintiéndose aludido personalmente. Poco a poco, Francisco se va haciendo un

58 2 C 125.

hombre verdaderamente evangélico a partir de la escucha atenta de la Palabra proclamada.

También, insiste sobre el modo de escuchar la Palabra, porque "nunca fue oyente sordo del Evangelio".[59]

Era un oyente activo, quería comprender con profundidad, ciertamente no para ser un erudito, ni tampoco para hacer predicaciones conmovedoras, sino para ponerlo rigurosamente en práctica. Francisco es un oyente de la Palabra. El Evangelio es para llevarlo a la vida concreta. La relación de Francisco con el Evangelio era muy importante en su vida. Así nos lo narra Tomás de Celano.

> *La suprema aspiración de Francisco, su más vivo deseo y su más elevado propósito era observar en todo y siempre el santo Evangelio, y según la doctrina de nuestro Señor Jesucristo y sus pasos, con suma atención, con todo cuidado, con todo el anhelo de su mente, con todo el fervor de su corazón. En asidua meditación, recordaba sus palabras, y con agudísima consideración repasaba sus obras.*[60]

✣ *Cánticos de alabanza y bendición.* Ese deseo de Francisco de alabar y bendecir es la manifestación del amor a Dios por encima de todo. La alabanza y la bendición tienen siempre la misma intensidad y volumen que el amor. Así, el que ama poco, alaba poco o con pocas ganas. El que ama mucho, alaba y bendice con todo el corazón.

59 1 C 22.

60 1 C 84.

Francisco es creador de largas oraciones de alabanza y bendición. Himnos y exclamaciones que brotan del corazón. Entre las muchas de su autoría, nos detenemos en las exclamaciones redundantes, como en la siguiente:

> *Nosotros todos, dondequiera, en todo lugar, a toda hora y en todo tiempo, todos los días y continuamente, creamos verdadera y humildemente y tengamos en el corazón y amemos, honremos, adoremos, sirvamos, alabemos y bendigamos, glorifiquemos y sobreexaltemos, engrandezcamos y demos gracias al altísimo y sumo Dios eterno, trinidad y unidad, Padre e Hijo, y Espíritu Santo, creador de todas las cosas…*[61]

✠ *Repeticiones de oraciones muy breves.* Ciertas veces, Francisco, en vez de en largas oraciones llenas de exuberancia, como hemos visto anteriormente, manifiesta su afectividad en la oración del corazón repitiendo pequeños versículos, jaculatorias, exclamaciones, suspiros y breves cantos.

Según Francisco, el ser humano es capaz de grandes cosas, porque Dios ha depositado en él posibilidades que debemos poner en práctica. Dios realiza "más y mayores cosas" en cuanto se entregan a Él.

Algunas oraciones breves, con las que oraba Francisco.

61 1 R 23, 10-11.

¿Quién eres tú, dulcísimo Dios mío? Y ¿quién soy yo, siervo tuyo? [62]

Dios mío y todas las cosas. [63]

¡Oh Dios, sé propicio a mí, pecador! [64]

Pon tu confianza en el Señor, que Él te sostendrá (Sal 54, 23). [65]

✠ *Pronunciar el nombre de "Jesús".* Sólo los que aman a Dios con todo el corazón pueden también alabarlo y bendecirlo con todo el corazón. "Te alabaré, Señor, con todo mi corazón". Es la actitud de Francisco: celebrar el nombre de Jesús.

Francisco llega a simplificar tanto su oración que le basta con saborear desde el corazón "el dulce nombre de Jesús". [66]

Con la simple repetición de la palabra "Jesús", era capaz de meditar acerca de toda la vida y, en particular, sobre el momento de la Pasión del Señor.

✠ *Adorar y contemplar.* Francisco invita a la oración, a "contemplar con los ojos del Espíritu". Necesitamos esa mirada nueva, la del Espíritu, que nos hace ver la realidad de forma diferente. En la Eucaristía, los ojos corporales ven el pan y el vino. Y los ojos del espíritu ven el cuerpo y la sangre del Señor.

62 Ll 3.

63 Flor 2.

64 1 C 26.

65 1 C 29.

66 1 C 82.86.115.

Lo central en la catequesis de Francisco sobre la oración es "Conservar la palabra de Dios en el corazón y tened la mente y el corazón vueltos a Dios" (1 R 22).

Se trata, según Francisco, de ir creciendo en la contemplación con ojos espirituales, una contemplación realizada con los ojos del "espíritu del Señor, que habita en sus fieles".[67]

La morada de Dios en un corazón limpio conduce al hombre a la unión con Dios: "Dichosos los limpios de corazón, porque ellos verán a Dios".

> *Son verdaderamente de corazón limpio los desprecian lo terreno, buscan lo celestial, y nunca dejan de adorar y contemplar al Señor Dios vivo y verdadero con corazón y ánimo limpios.*[68]

Francisco medita y contempla con los Salmos. Con ellos, había aprendido a leer en la escuela cuando era un niño. Los sabe de memoria. *El Oficio de la Pasión del Señor*, una serie de Salmos que él escribe, en los cuales contempla todo el camino de Jesús, desde su nacimiento[69] hasta la ascensión[70], es un itinerario maravilloso para la oración y la contemplación de los distintos misterios de Cristo. Lo que más extensamente contempla es la Pasión de Nuestro Señor, donde

67 Adm 1, 12.

68 Adm 16, 2.

69 Salmo navideño, OfP 15.

70 Salmo pascual, OfP 9.

se detiene muy particularmente en la entrega obediente y confiada de Jesús en manos del Padre.

✣ *Mira sobre todo la Cruz de Cristo.* En la cruz, Jesús muestra su amor hasta el extremo (Jn 13, 1), porque no hay mayor amor que entregar la vida (Jn 15, 13), ni mayor lealtad que seguir siendo fiel aun a aquellos que nos la quitan. Francisco medita este misterio de amor, que es la cruz. El Crucificado de San Damián le había hablado. Junto al crucificado, descubre su misión. A partir de aquel momento, Francisco es un hombre marcado por la cruz. La cruz lo acompañará siempre. Su amor a Jesús en la cruz le permitirá orar así.

> *Te adoramos, Señor Jesucristo, aquí y también en todas tus iglesias que hay en el mundo entero, y te bendecimos, porque por tu santa cruz redimiste al mundo.*[71]

Todo el itinerario de Francisco y de sus hermanos se desarrolla a la sombra de la cruz, signo permanente de nuestra salvación. Ella los conduce a la adoración de asombro y de agradecimiento.

En el silencio de la cruz, Francisco oye la más formidable y la más profunda palabra de Dios, que nos revela el amor del Dios creador. Su Señor, despreciado y crucificado, alimenta su memoria, su plegaria y su corazón.

Para Francisco, la cruz y las llagas del Crucificado son la hendidura por la que podemos asomarnos a contemplar la

71 Test 5.

gloria de Dios y por donde recibimos esa plenitud de gloria. "Hemos contemplado su gloria" y "hemos recibido de su plenitud".

Contemplar es recibir. Desde las llagas que contemplamos, recibimos una participación de ese amor tan grande, y somos también nosotros capaces de amar de esa manera. La cruz es libro para leer con detenimiento y espejo donde mirar, con el mismo amor tan grande con el que hemos sido amados.

Para Francisco, la cruz es constitutiva de la vida cristiana. Vivir el Evangelio es seguir a Cristo. Seguir a Cristo es necesariamente llevar la cruz y asumir su muerte para entrar en la vida nueva de Jesús, nuestra pascua.

La cruz es para Francisco una invitación permanente a amar hasta el límite de sus fuerzas. Francisco amó, cree en la fuerza del amor y espera de la vida de Cristo.

"Vivid en el amor como Cristo os amó y se entregó por vosotros como oblación y víctima de suave olor" (Ef 5, 2).

De esta entrega de amor generosa de Cristo, saca Francisco la fuerza para vivir en el amor. ¡Es un testigo maravilloso de la Pascua!

3.2.3. Orar con todo lo creado

Desde siempre, la oración de Francisco está vinculada con todo lo creado. Se goza en todas las obras de las manos del Señor. Todo es hermoso y digno de alabanza, pero "el que nos ha hecho es el mejor". Abraza todas las cosas con gran devoción, les habla del Señor y las exhorta a alabarlo.[72]

Nadie duda del valor de las oraciones y alabanzas que Francisco hacía sobre las maravillas de la naturaleza. Él supo orar con las creaturas y, a través de ellas, alabar al creador.

✣ *Canta con todas las criaturas*. Cuando se pone a cantar, canta y celebra con todo lo creado. Francisco se sentía vinculado, por entrañables lazos de fraternidad, con todas las criaturas. Su vida es un canto a la gloria de Dios. La invitación a que todo el cosmos alabe al Creador halla su máxima expresión poética en su admirable "Cántico al Hermano Sol", que Francisco compuso al final de su vida.

> *... Se llenaba de inefable gozo viendo el sol, mirando la luna y contemplando las estrellas y el firmamento...*[73]

Canta con la cigarra.

72 2 C 165.

73 1 C 80.

Canta, hermana mía cigarra, y alaba jubilosa al Señor, tu creador...[74]

También quiere cantar en unión de las alondras:

Las hermanas alondras alaban a su Creador; vayamos, pues, nosotros en medio de ellas; recitemos con ellas nuestras horas canónicas y alabemos al Señor.[75]

✢ *Ante la belleza de las flores y los campos*. Francisco alaba con todo su ser. Esa alabanza surge naturalmente en el corazón apasionado de Francisco. Sólo se puede cantar con todo el corazón cuando uno se siente colmado con la luz de la hermana luna y el brillo del hermano sol.

Desde ese corazón colmado, Francisco invita a crecer como las flores de los campos, a derramar buen olor como el lirio, a exhalar perfume, a cantar un canto nuevo y a bendecir al Señor por todo lo creado.

¿Quién se puede figurar la alegría desbordante de su espíritu al contemplar la lozanía de las flores, su hermosura, la fragancia de sus aromas...?[76]

Y también invitaba a las mieses y las viñas, con las piedras y las selvas, y con todo lo bello de los campos, las aguas de las fuentes, la frondosidad de los huertos, la tie-

74 2 C 171.

75 LM VIII, 9.

76 1 C 81 a.

rra y el fuego, el aire y el viento, invitándoles con ingenua pureza al amor divino y a una gustosa fidelidad.[77]

✢ Andaba con reverencia sobre las piedras. Todo el universo de Francisco está rodeado de infinita ternura.

> *Abraza todas las cosas con gran devoción… Anda con respeto sobre las piedras, por considerar al que se llamó a sí mismo piedra angular…*[78]

✢ *Recogía los gusanos de los caminos, a fin de que no los pisaran; en invierno daba miel y vino a las abejas para que no murieran de frío y de escasez.*[79]

✢ *En comunión con los animales*. Las fuentes franciscanas recogen la relación que Francisco mantenía con los animales.

a. *El lobo de Gubbio*. Era un lobo tan feroz que nadie se aventuraba a salir de la ciudad. Francisco, movido a compasión de la gente del pueblo, quiso salir a enfrentarse con el lobo.[80]

b. *El milagro de la ovejita* (referido por san Buenaventura). Nos cuenta que, cierto día, a Francisco, estando él en el convento de Santa María de los Ángeles, una persona tuvo a bien regalarle una ovejita, y la recibió con mucho agradecimiento, porque le complacía ver en

77 1 C 81 b.

78 2 C 165 a.

79 2 C 165 b.

80 Flor XXI.

ella la imagen de la mansedumbre y la del cordero de Dios.

c. *Predicación a las aves*. Francisco comunica a sus hermanos que quiere predicar a las aves. Les dice que las aves son sus hermanas. Y les predica a las avecillas, invitándolas a que alaben siempre y en todas partes al Dios creador.[81]

3.3. ¿Cuándo y dónde reza Francisco?

Cuando Pablo, escribiendo a los efesios, les dice que "hemos sido creados para alabanza de su gloria" (Ef 1, 12), nos está dando el sentido último de nuestra vida, la razón y la explicación más profunda a nuestra pregunta sobre por qué existimos.

Pero no se está refiriendo sólo al ratito que podemos hacer, cada día, de oración; se refiere a la vida entera: sueño y vigilia; trabajo y descanso; amor y servicio. Acción y oración, en todo tiempo y lugar…

La vida de Francisco es toda alabanza del Padre en Jesús, su Hijo, y no sólo unos ratos asignados en cada día.

Para entrar y perseverar en la vida de oración, es preciso tener la convicción de que estamos "habitados por el Espí-

81 Flor XXI.

ritu que llama, murmura, inspira, respira, intercede y adora en el corazón del ser humano" (Rom 8, 26-27).

Francisco fue descubriendo, progresivamente, que Cristo es la fuente desbordante e inagotable del Espíritu, y que sólo el Espíritu nos permite acoger, expresar, vivir el santo Evangelio, y nos abre el camino de la oración.

Vivir en este camino —de alabanza, bendición y acción de gracias— es hacerlo como una continua llamada a la vida y a la confianza en el Señor.

El Espíritu le hace vislumbrar una realidad nueva y maravillosa: Dios. Esta presencia invade por completo su vida. Le ocupa por completo el tiempo y el espacio de su vida. Dios es todo para Francisco. En todas partes, encontraba a Dios.

✠ *Buscaba lugares escondidos.* Francisco buscaba el desierto, el retiro, tanto exterior como interior, para dedicarse de lleno a la oración. Celano, en su *Vida segunda*, dedica un apartado para hablar del tiempo, el lugar y el fervor de la oración de Francisco. Y, al respecto, señala:

> *Buscaba siempre lugares escondidos, donde no sólo en el espíritu, sino en cada uno de los miembros, pudiera adherirse por completo a Dios... Cuando no podía retirarse estando en público..., hacía de su corazón un templo.*[82]

---

82 2 C 94.

Los bosques, las hendiduras de las rocas, las grietas de las peñas escondidas, las capillas solitarias eran sus lugares preferidos.

✠ *En secreto*. Sabemos que se retiraba frecuentemente a orar en secreto. Como señala el Evangelio, "Entrar en lo secreto". Es relación íntima con el Padre. En la medida en que Francisco se identifica con Cristo, vive en él, y toda su vida no es sino una ascensión hacia el Padre, en pura alabanza y bendición, en pura glorificación.

Ya en lo secreto, no se ve más a sí mismo, ya no se conoce más a sí mismo. No conoce más que la bondad de Dios.

> *¡Tú eres el Bien, todo el Bien, el sumo Bien!*
>
> *Apartándose poco a poco del bullicio del siglo [...] se retiraba frecuentemente y casi a diario a orar en secreto. A ello le instaba, en cierta manera, aquella dulzura que había pregustado; visitábalo con frecuencia, y, estando en plazas u otros lugares, lo arrastraba a la oración.*[83]

✠ *En "el templo del corazón"*. El recogimiento, el silencio y la sencillez caracterizan la oración de Francisco. El retiro exterior se orientaba a permanecer interiormente sólo ante Dios; a callar, escuchar y rezar a Dios en la soledad interior. La "celda" exterior está al servicio del "templo de corazón". [84]

83 TC 8 a.

84 L. Lehmann, o. c., 23.

La "celda" no está vinculada en absoluto con un lugar concreto; más que un lugar y un espacio, es una manera de vivir.[85] Así nos cuenta la "Leyenda de Perusa".

> *Aunque vayáis de camino, vuestro comportamiento debe ser tan digno como cuando estáis en el eremitorio o en la celda. Pues donde quiera que estemos o a dondequiera que vayamos, llevamos nuestra celda en nosotros; nuestra celda es, en efecto, el hermano cuerpo, y nuestra alma es el ermitaño, que habita en ella para orar a Dios y para meditar.*[86]

✣ *La liturgia marca su tiempo.* Podemos decir que Francisco vivía profundamente el año litúrgico, dentro del contexto en el cual era propuesto. Él aprovechaba los tiempos fuertes para entrar en la profundidad de los misterios centrales del cristianismo: el misterio de la encarnación (ciclo de Navidad) y el misterio de la redención (ciclo pascual).

Estos dos misterios eran las bases de su espiritualidad: "Tenía tan presente en su memoria la humildad de la encarnación y la caridad de la pasión que difícilmente quería pensar en otra cosa".[87]

En las fiestas de los santos, disfrutaba del encuentro con aquellas páginas del Evangelio que fueron particularmente significativas en sus respectivas vidas. Las fiestas de Cristo,

85 O. c., 24.

86 LP 108.

87 1 C 84.

de la Virgen y de sus santos más importantes eran los momentos fuertes de transformación de su programa de vida.[88]

Ciertamente, Francisco vivía los tiempos litúrgicos fuertes con gran disposición de alma. Y, con especial intensidad, las grandes fiestas del año litúrgico, que reproducen el misterio de Cristo de un modo sacramental. Podemos decir que Francisco supo aprovechar la liturgia para marcar su tiempo y construir su vida.

Un testigo interesante de la fuerza de la liturgia en su vida es el Oficio de la Pasión, compuesto por él, que debía ser rezado juntamente con las horas canónicas. Aunque sea llamado Oficio de la Pasión, él contempla todos los misterios de la vida de Cristo.[89]

✠ *Convertía todo su tiempo en ocio santo*. Para Francisco, vivir es celebrar, es recibir con ilusión la luz de cada día. Vivir es gozar de la serenidad de las tardes y las noches; vivir es amar y ser amado. Vive Francisco como el primer día de la creación, todo lo ve bueno. Todo es una fiesta. La vida eterna ya está aquí, comienza aquí. La resurrección ya ha comenzado. "Aunque nuestro hombre exterior se vaya desmoronando, el hombre interior se va renovando de día en día" (2 Cor 4, 16).

> *Convertía todo su tiempo en ocio santo, para que la sabiduría le fuera penetrando en el alma [...]. El mundo*

88 M. Florentino, o. c., 49.

89 O. c., pp. 48-51.

ya no tenía goces para él, sustentado por las dulzuras del cielo; y los placeres de Dios lo habían hecho demasiado delicado para gozar con los groseros placeres de los hombres.[90]

No desatendía ninguna visita del Espíritu; si se le ofrecía, respondía al regalo y saboreaba la dulzura así puesta delante por todo el tiempo que permitía el Señor.[91]

✣ *"A toda hora y en todo tiempo"*. La vida es un canto ininterrumpido a la gloria de Dios. "En todo tiempo y momento, haced todo en el nombre del Señor Jesús, dando gracias por su medio a Dios Padre" (Col 3, 17).

Sólo cuando nuestro corazón está unificado interiormente, podemos unificarnos con nuestros hermanos y con toda la creación. Francisco, al vivir en el amor, puede captar todo el amor que existe en el universo, y eso lo quiere vivir a toda hora y en todo tiempo. Por eso, al tener el gozo del Señor, puede descubrir y sintonizar el gozo de la creación.

Nada, pues, impida, nada separe, nada se interponga; nosotros todos, dondequiera, en todo lugar, a toda hora y en todo tiempo, todos los días y continuamente, creamos verdadera y humildemente, y tengamos en el corazón y amemos, honremos, adoremos, sirvamos, alabemos y bendigamos, glorifiquemos y sobreexaltemos, engrandez-

90 2 C 94.

91 2 C 95.

camos y demos gracias al altísimo y sumo Dios eterno, trinidad y unidad, Padre, Hijo y Espíritu Santo...[92]

92 1 R XXIII, 10-11.

Capítulo 4
REZAR CON FRANCISCO

En este capítulo, nos detenemos unos días para orar con Francisco. Estos días quieren ser una invitación a frenarnos un poco, dejarnos evangelizar en lo profundo del corazón, serenar nuestra alma y descubrir al Dios que nos muestra Francisco. Y a orar junto con él desde nuestra realidad personal.

El mensaje de los escritos de Francisco nos centra en aquello que estaba en su corazón, y que él nos propone con humildad.

- DIOS, "sobre todas las cosas, deseable".
- El HOMBRE, a quien hay que amar como a un hermano.
- La NATURALEZA, "tiernísimo afecto y devoción por todas las cosas creadas".[93]

Francisco nos hace experimentar a Dios como Padre muy querido y cercano. Quiere que nos sintamos hermanos y hermanas con todo lo creado.

93 EP 113.

Este debe ser el clima de intimidad y confianza que tiene que impregnar nuestra oración. Dios es alguien vivo y cercano con quien podemos dialogar con naturalidad, como un padre-madre, como un amigo muy querido.

Las oraciones de Francisco son las de un hombre "habitado por el Espíritu" que le permite acoger, expresar, vivir el Evangelio. Dios es el dador de vida. Un Dios vivo que da vida y que, en su hijo Jesucristo, da vida y sentido a todos los que buscan el sentido de sus vidas.

Las oraciones de Francisco dialogan con un padre-madre que está en el origen de nuestro ser y que es el destino último de nuestra existencia.

Por eso, cuando oramos, orientamos todo nuestro ser hacia el único que nos ama, comprende, perdona y sana, pues somos sus hijos muy queridos. Con la confianza de hijos, sabiéndonos hermanos, oramos al Dios Madre-Padre del cielo. Y nos ponemos a buscar a Dios siempre y en todas las partes.

Nos ponemos en camino, es como una nueva peregrinación para un tiempo nuevo de nuestras vidas. El espíritu de toda peregrinación es crear comunión profunda y transformadora. Caminamos con Francisco.

La peregrinación de Francisco es la historia de un buscador de Dios. Nos enseña a confiar en Dios aun cuando no podamos ver con claridad hacia dónde nos conduce la vida.

A confiar en Dios y perseverar a través de los retos, porque Dios puede encontrar un modo de trabajar con nosotros tal como somos, siempre y cuando nosotros nos dejemos, seamos capaces de esperar y estemos abiertos a aprender.

¡Ponte en búsqueda!

CARTA DE RUTA PARA ESTOS DÍAS

Te ofrezco unas pistas para estos días de oración.

- Mira a tu alrededor, no te olvides de las maravillas y sufrimientos del mundo. Ponte en marcha... y no te detengas.
- Libera tu mente, quédate un tiempo largo sin aparatos electrónicos y sin reproductores de música. ¿Imposible? "Desconecta", de vez en cuando, de los estímulos externos. "Apaga" la banda sonora externa; eso te permitirá sintonizar tu propia voz interior.
- Acepta tu propia bondad como creación de Dios. No te compares, no te juzgues. Céntrate, en estos días, en los talentos propios y en todo lo que se te puede dar.
- Lleva tu propio ritmo, sin prisas. Quédate con alguna frase de las oraciones de Francisco..., o lo que el Espíritu te inspire personalmente.
- Ten buen ánimo. Mantente abierto a aprender. No te olvides que Dios quiere y puede comunicarse personalmente contigo. Dios tiene algo importante para ti en estos días.

- ✠ Ora… a tu manera. Hay un dicho sobre la oración que dice: "Hablad con vosotros mismos, hablad con Dios". Francisco alababa, bendecía y daba gracias. Tú, a tu manera.
- ✠ Sobre todo *¡confía!* "Si buscas a Dios, Él te encontrará…". Pero dónde, cuándo y cómo te encuentre Dios puede diferir mucho de lo que tú esperabas. *¡Confía en Dios!*

DÍA 1. PONERSE EN CAMINO:
LA BÚSQUEDA DEL SENTIDO DE LA VIDA

> *"¡Oh alto y glorioso Dios!*
> *Ilumina las tinieblas de mi corazón*
> *Y dame fe recta, esperanza cierta y caridad perfecta,*
> *sentido y conocimiento, Señor,*
> *para que cumpla tu santo y veraz mandamiento".* (OrSD)

Dios es un Dios vivo que da vida a todos los que buscan sentido para sus vidas.

La vida es un camino largo. Y ese camino nos conduce al tesoro que todos buscamos: la felicidad.

Esta oración de Francisco es para iniciar el camino, es para el momento de ponernos en marcha. Sirve para los que están en su búsqueda, para los que han perdido el sentido de sus vidas, o no saben lo que hacer y anhelan un "algo más" para sus vidas. Es una invocación de gran fuerza, y encontramos en ella una actitud básica para quien desee poseer el don de conocer la voluntad de Dios.

No hay un método universal para rezar, pero esta oración de Francisco, bien podría ser una de las que no deberían faltar en nuestra vida. En estos momentos de tu vida, ¿hay alguna llamada especial que te ponga en camino hacia algún lugar? *¿Qué te pide el Señor en este momento de tu vida?*

- *Buscando luz para las tinieblas del corazón*. El corazón es el centro de la persona. Francisco se implica por entero en la tarea del corazón. *¿Cuáles son tus tinieblas?*
- *Dame fe recta, esperanza cierta y caridad perfecta*. Estas tres virtudes están en el corazón de la vida cristiana. *¿A qué se reduce nuestro ser cristiano sin la luz de la fe, sin la confianza que da la esperanza y sin el amor derramado por Dios en nuestros corazones?*
- *En búsqueda de sentido y conocimiento para cumplir la voluntad de Dios*. También nosotros pedimos sensibilidad para ver lo que Dios quiere de cada uno de nosotros: que seamos sensibles a Dios, a los hermanos y al cuidado de la creación.

Esta oración de Francisco ante el Cristo de San Damián se adapta muy bien para ser recitada lentamente, sin prisas, repitiendo cada una de las palabras, llevando al corazón lo que nos llega y que más podemos necesitar.

Oración muy válida para los que quieren ponerse en camino, que quieren comenzar, buscar a Dios y conocerse un poco más a sí mismos. Las tinieblas ceden ante la luz que llega de lo alto. Y, con luz, llegan las fuerzas para el compromiso.

Sólo si los seres humanos sabemos abrir nuestro corazón para acoger la fe, la esperanza y el amor, tendremos las fuerzas necesarias para vencer dificultades y abrirnos a la voluntad del buen padre Dios. No dejes de pedir luz, esa luz que necesitas para saber qué es lo que quieres en la vida y así puedas vivirlo en verdad. Sea cual sea tu sendero, pide la gracia y la ayuda para que logres seguir hasta el final, sin desfallecer ni abandonar.

Itinerario para la oración ante el Crucifijo de San Damián

> *Un día, Francisco pasó cerca de la iglesia de San Damián, que estaba casi derruida y en completo abandono. Conducido por el Espíritu, entra en ella a orar, se postra suplicante y devoto ante el crucifijo... La imagen de Cristo crucificado, desplegando los labios, habla desde el cuadro a Francisco, llamándolo por su nombre: "Francisco —le dice—, vete, repara mi casa, que, como ves, se viene del todo al suelo".* (2 C 10)

Con este itinerario que te presento, deseo ofrecerte una pequeña ayuda para la oración.

La imagen de este Cristo resulta fácil de conseguir. Es muy conocida, y podemos conseguir una, para favorecer la oración fijando la mirada en este Cristo de luz, con los ojos abiertos, crucificado y con el costado abierto.

Con este Cristo, han orado Clara y Francisco, y muchas hermanas y hermanos a través de los siglos. Ante él, se han sentido acogidos, sanados, liberados. Hoy, también se dirige a ti, a mí, para que podamos escuchar su voz.

Ponte ante el Cristo de San Damián, míralo con tus ojos, contémplalo con el corazón, únete a Él con tu voluntad, conócelo más profundamente, intenta sentir el amor que te tiene, y responde a ese amor siguiéndolo más de cerca.

Que la pregunta de Francisco sea también la tuya: "*Señor, ¿qué quieres que yo haga?*".

Pasos para tu oración personal

El breve itinerario que te propongo aquí lo puedes utilizar en tu oración personal, o también cuando rezas con otras personas, y te sugiero, en ese caso, utilizarlo de forma creativa, teniendo en cuenta el tipo de grupo y la realidad que se vive en él.

Para que este "método" dé fruto, se debe vivir con mucha verdad, con corazón abierto, paciencia y, sobre todo, perseverancia. Es muy importante ser muy fieles también al lugar y al tiempo de oración.

1. Disponerse a la oración.

✢ Respira profundo, busca el silencio, serénate y pacifica tu corazón.

✢ Invoca al Espíritu, para que te ilumine, purifique y llene todo tu ser.

2. Ora con Francisco.

¡Oh alto y glorioso Dios!,
Ilumina las tinieblas de mi corazón
y dame fe recta,
esperanza cierta,
caridad perfecta,
sentido y conocimiento, Señor,
para que cumpla tu santo
y veraz mandamiento. Amén. (OrSD)

3. Contempla el Crucifijo.

✢ Contempla el Cristo por un tiempo prolongado.

✢ Deja que la mirada del crucifijo llegue a tu corazón.

✢ Intenta sentir el amor que te tiene y responder a ese amor.

4. "Ilumina las tinieblas de mi corazón".

✢ ¿Cuáles son tus "tinieblas"?

✢ ¿Quién ocupa tu corazón, tus deseos, tus sueños?

✢ ¿Vives en fe, esperanza y amor?

✠ En este momento de tu vida, ¿vives en obediencia a Dios?

5. Restituye al Señor

✠ Concluye este tiempo de oración repitiendo y haciendo tuya la oración ante el crucifijo de San Damián.

✠ Intenta comprometerte y llevar a tu vida de cada día lo que dice la oración.

DÍA 2. ADORAR Y BENDECIR:

¡SI SUPIÉRAMOS ADORAR!

Te adoramos, Señor Jesucristo,
también en todas tus iglesias
que hay en el mundo entero,
y te bendecimos,
porque por tu santa cruz redimiste al mundo. (Test 4-5)

La experiencia de oración ante el Cristo de San Damián, que hemos visto en el día primero, marcó a Francisco para el resto de su vida.

El crucifijo le impresionó tanto que, en lo sucesivo, cultivó una devoción y un amor muy particulares a la cruz.

Esta oración de hoy llega a nosotros esencialmente vinculada con la cruz. Es una oración de adoración a la cruz y está muy unida a la conversión inicial de Francisco. El encuentro con Cristo pobre y crucificado fue determinante en su vida y tuvo gran influjo en su espiritualidad.

La cruz impulsa a Francisco y a sus compañeros a la adoración y a la bendición. La bendición del Padre es la primera misión de la Iglesia: "A él la gloria de la Iglesia y de Cristo Jesús" (Ef 3, 21).

Hay dos clases de bendiciones: bendición descendente y bendición ascendente.

La bendición descendente es aquella con la que el Padre nos bendice a nosotros, la que invoca la liturgia sobre la asamblea cuando dice: "La bendición de Dios todopoderoso [...] descienda sobre vosotros".

La bendición ascendente es la que sube de nosotros al Padre.

Pablo reúne las dos cuando describe: "Bendito sea Dios, Padre de nuestro Señor Jesucristo, que nos ha bendecido en Cristo con toda clase de bienes espirituales y celestiales" (Ef 1, 2).

El Padre nos ha bendecido (bendición descendente), y nosotros lo bendecimos a él (bendición ascendente).

La bendición del Padre es la primera misión de la Iglesia. Uno de los prefacios de la liturgia nos ofrece la respuesta.

Aunque no necesitas nuestra alabanza, ni nuestras bendiciones te enriquecen, tú inspiras y haces tuya nuestra acción de gracias, para que nos sirva de salvación.[94]

✠ *"Te adoramos, Señor Jesucristo…"*. Sólo se adora a Dios. En el acto de adoración, culmina esencialmente nuestro ser de criaturas: el ser humano se inclina como criatura ante su Creador, reconoce a Dios como su origen, de donde procede, y la meta hacia dónde va. Y le agradece, unidos a hombres y mujeres —y a todos los demás seres y cosas— la vida recibida. Adorar es el modo más perfecto de relacionarse con Dios.

- Eloi Leclerc, en su librito *Sabiduría de un pobre*, en el diálogo que mantienen Francisco y Rufino, pone en boca de Francisco estas palabras:

El hombre que adora a Dios reconoce que no hay otro poderoso más que Él solo. Lo reconoce y lo acepta. Profundamente, cordialmente. Se goza en que Dios sea Dios. Dios es, eso le basta. Y eso le hace libre. ¿Comprendes?... Si supiéramos adorar —dijo, entonces, Francisco—, nada debería verdaderamente turbarnos: atravesaríamos el mundo con la tranquilidad de los grandes ríos.[95]

94 Prefacio IV común del Misal Romano.

95 L. LECLERC, *Sabiduría de un pobre*, Morova, Madrid 1987, 113

PARA LA REFLEXIÓN

En nuestra relación con Dios, la oración se hace más profunda y verdadera a medida que vamos descubriendo a Dios cada vez más como persona, como cercano y conocido, como compañero de camino. Es un trato de corazón a corazón con Dios.

- *¿Tienes experiencia de adoración? ¿Qué es para ti adorar?*

✢ *"Y te bendecimos..."*. La bendición forma parte de la vida de Francisco. Su vida es para bendecir. Si con la primera frase comprobamos cómo "adora" la presencia del Señor Jesucristo en las iglesias del mundo, en la segunda se lo "bendice" por la redención lograda a través de la cruz.

Bendecir significa "decir bien", lo cual hace que la bendición entre en una de las formas de oración más apreciada por Francisco.

Muchos orantes de la tradición cristiana no usan mucho la bendición. La oración queda, muchas veces, reducida a pedir cosas a Dios.

Sin embargo, la oración del judío es bendición antes que petición. En los evangelios, Jesús bendice continuamente y para todo.

Y es eso mismo lo que hace Francisco porque, al bendecir, se quiere recordar el papel central que Dios tiene en toda vida y en todas las cosas.

PARA LA REFLEXIÓN

El secreto de la bendición es llegar a alabar a Dios, incluso en las situaciones difíciles de la vida, no sólo cuando todo nos sonríe.

Bendecir significa invocar la protección divina sobre alguien o sobre algo, pensar en él con profundo reconocimiento, evocarlo con gratitud.

La práctica de la bendición es una forma privilegiada de desarrollar una conciencia espiritual constantemente centrada. Es, también, un instrumento muy eficaz para crecer en el amor universal y no juzgar a nadie.

Podemos decir que la bendición es una de las numerosas formas que toma el amor. Además, es una manera del amor que bendice tanto al que la practica como al que la recibe.

- *¿Te sientes llamado a bendecir? Permanece en silencio y quietud, haz una bendición para el mundo entero, para tus amigos y conocidos, para tus familiares y, finalmente, para ti.*

Cada bendición que "envías" al universo es como una estrella que se enciende en alguna parte.

Cada bendición es un gesto de vida vibrante que llega hasta el último rincón del universo.

Para bendecir no se necesitan muchas palabras. Los gestos hablan y bendicen. Así lo vemos en Francisco. Con Jesús, podemos decir: *¡Te bendigo, Padre, señor del cielo y la tierra…!*

SALMOS PARA SOSTENER LA ORACIÓN

✢ Salmo 113

El Señor se acuerde de nosotros
y nos bendiga…
Bendiga a los fieles del Señor,
pequeños y grandes.

✢ Salmo 144

Todos los días te bendeciré,
alabaré tu nombre sin cesar.
Grande es el Señor y digno de alabanza,
es inmensa su grandeza.

✢ Salmo 95

Cantad al Señor un cántico nuevo,
que toda la tierra cante al Señor.
Cantad al Señor, bendecid su nombre,
proclamad día tras día su salvación.

DÍA 3. LLEGAR A DIOS, FUENTE DE VIDA

Omnipotente, eterno, justo y misericordioso Dios,
concédenos por ti mismo a nosotros, miserables,
hacer lo que sabemos que quieres
y querer siempre lo que te agrada,

a fin de que, interiormente purgados,
iluminados interiormente
y encendidos por el fuego del Espíritu Santo,
podamos seguir las huellas de tu amado Hijo,
Nuestro Señor Jesucristo,
y llegar por sola tu gracia a ti, Altísimo,
que en perfecta Trinidad y en simple Unidad
vives y reinas y estás revestido de gloria,
Dios omnipotente,
por todos los siglos de los siglos. Amén." (CtaO 50-52)

Estas palabras, con las que concluye Francisco su *Carta a toda la Orden* (CtaO), son una verdadera oración y como un pequeño tratado sobre el discernimiento espiritual.

El objetivo de esta oración es hacer la voluntad de Dios y querer siempre lo que le agrada. Para ello, es fundamental la acción del Espíritu a través de la transformación interior de la persona.

En esta oración, se acerca a Dios con una larga invocación, en la que lo califica con cuatro atributos: omnipotencia, eterno, justo y misericordioso.

La imagen que Francisco tiene de Dios es la combinación de rigor y suavidad. No se limita a considerar a Dios como juez. Dios es "justo y misericordioso". Para Francisco, Dios es Dios, pero un Dios volcado sobre el ser humano.

En el primer día pasado con Francisco, entramos en la oración que utilizaba en los comienzos de su itinerario espiritual. El joven Francisco pedía al Señor la luz que iluminara su corazón.

El contenido de aquella oración de los comienzos y de esta es idéntico: conocer y cumplir la voluntad de Dios. Hacer lo que Dios quiere fue la preocupación de toda su vida.

PARA LA REFLEXIÓN

Vamos a reflexionar lo que nos dice Leonardo Lehmann sobre esta oración de Francisco.

> *Esta oración de Francisco es muy particular. Es una suma de la teología franciscana, una síntesis recogida en una sola frase. En ella, empieza reconociendo con palabras de alabanza que Dios supera todas las ideas espacio-temporales que podamos formarnos sobre Él. A continuación, fija su mirada en nosotros, los hombres, pobres y míseros. Traza luego el camino por el que podemos llegar a Dios: siguiendo las huellas de su Hijo hecho hombre, un camino que debemos seguir con una purificación continua de nuestros pensamientos y deseos, con una constante conversión a la luz, abrasados en ese anhelo de Dios que el Espíritu Santo alimenta y mantiene vivo en nosotros. Así, pues, la gracia nos mantiene y guía a lo largo del camino. Dios está al principio y al final; más aún, Él mismo se ha hecho camino en Jesucristo.*[96]

96 L. LEHMANN, o. c., pp. 241-242.

Francisco nos enseña a vivir "desde dentro", descubriendo la fidelidad a la verdad profunda del propio ser, y no "desde fuera", en función de esquema e ideas personales.

Y, sobre todo, nos muestra la necesidad de aprender a vivir en obediencia al Espíritu y secundar su obra, por encima de resistencias personales, del cansancio..., tratando siempre de discernir cuál ha de ser, según Dios, nuestro propio camino personal y comunitario, en este momento concreto de nuestras vidas.

✠ Lee y guarda en el corazón esta oración. *¿Qué te dice?* En tu vida personal, en verdad, ¿te esfuerzas por conocer y hacer la voluntad de Dios? También en el Padrenuestro decimos "que se haga tu voluntad". Como creyentes, estamos llamados a aceptar el querer de Dios, a asumirlo. Él no se impone, nos propone. *¿Cómo vives todo esto? No es fácil. Lo podrías rezar serenamente. No tengas miedo de que Dios pueda pedirte demasiado. Te sientes débil, sin fuerzas para seguir sus caminos.*

✠ *No te desanimes nunca por tus errores y tus pecados. Dios conoce tu fragilidad. Te quiere como eres.*

✠ *A veces tienes miedo a equivocarte. No sabes cuál puede ser la voluntad de Dios. Quieres acertar y no sabes qué hacer. Como Francisco, cuenta siempre con Dios, tu Padre.*

SALMOS PARA SOSTENER LA ORACIÓN

✢ Salmo 118

Enséñame a cumplir tu voluntad
y a guardarla de todo corazón;
guíame por las sendas de tus mandatos,
porque ella es mi gozo.

✢ Salmo 24:

Señor, enséñame tus caminos,
instrúyeme en tus sendas:
haz que camine con fidelidad,
enséñame, porque tú eres mi Dios y mi Salvador,
en ti espero siempre.

✢ Salmo 118:

Te busco de todo corazón,
no consientas que me desvíe de tus mandamientos…
Tu voluntad es mi delicia,
no olvidaré tus palabras.

DÍA 4. DANOS EL PAN DE VIDA

El pan nuestro de cada día:
tu amado Hijo, nuestro Señor Jesucristo,
dánosle hoy,

para que recordemos, comprendamos y veneremos
el amor que nos tuvo,
y cuanto por nosotros dijo, hizo y padeció. (ParPN 6)

En ésta oración, Francisco da a la petición del pan cotidiano una significación directamente cristológica.

Cristo es nuestro pan de cada día. Por eso, no pide al Padre bienes materiales ni más hermanos, ni bienestar, sino lo que necesita para su vida. El pan de cada día, sin el cual el hombre no puede vivir, es el Hijo amado, nuestro Señor Jesucristo.

Comer este pan quiere decir acoger y guardar en la memoria el recuerdo de Jesús, el verdadero pan de vida. Francisco le pide al Padre "el pan nuestro de cada día, el amado Hijo, nuestro Señor Jesucristo".

✠ *El pan nuestro de cada día.* La vida depende del pan. El ser humano no puede subsistir sin alimentarse. Pedir pan es gesto propio de los pobres, que no tienen lo que necesitan para vivir. Esta preocupación por ganar el pan de cada día, era mayor en Francisco que en nosotros. Pues se atenía al mandato de Jesús a sus discípulos: "No llevéis nada..., ni pan, ni dinero..." (Lc 9, 3).

Francisco y sus compañeros confiaban en recibir, por su trabajo manual en los campos y en las casas, lo necesario para su sustento. Su petición del pan de cada día no era retórica piadosa, sino algo muy real y concreto. Esta petición de Francisco, transciende con mucho el plano de la alimentación corporal.[97]

✠ *Jesucristo, pan cotidiano.* Para el cristiano, el verdadero pan es el mismo Cristo. Sólo Cristo puede saciar el hambre del corazón humano. Cristo nos alimenta, sobre todo, desde el pan eucarístico: "*Yo soy el pan vivo, bajado del cielo. Si uno come de este pan, vivirá para siempre; y el pan que yo le voy a dar es mi carne por la vida del mundo*" (Jn 6, 51).

En la petición del pan cotidiano, Francisco, no obstante su necesidad material, piensa en el Señor presente en el sacramento del altar.

> *Diariamente viene a nosotros Él mismo en humilde apariencia; diariamente desciende del seno del Padre al altar en manos del sacerdote... y creamos firmemente que es su santísimo cuerpo y sangre vivo y verdadero...*[98]

En la memoria de Jesús, en la Eucaristía, el amor de Dios se hace vivo y presente. Es donde comprendemos mejor el amor de Dios. La Eucaristía es el banquete del amor, el lugar donde el amor de Dios se hace visible, tangible y comestible.[99]

✠ *Recordemos, comprendamos y veneremos.* Francisco apunta a lo central de la Eucaristía, que se resume en el amor. De

97 L. LEHMANN, o. c., pp. 164-165.

98 Adm 1, 17.

99 L. LEHMANN, o.c., 166

manera análoga, resume la obra salvífica de Jesús en tres palabras: "cuanto por nosotros dijo, hizo y padeció".[100]

PARA LA REFLEXIÓN

Pedimos al Padre lo necesario para vivir, el alimento indispensable del que depende nuestra vida. No nos bastamos a nosotros mismos. Reconocemos así nuestra dependencia de Dios, incluso para nuestro sustento material.

La vida y cuanto la alimenta provienen, en último término, de Dios. En él ponemos nuestra confianza. Cuando pedimos pan a nuestro Padre Dios, le estamos pidiendo algo bueno y necesario, lo que necesitamos para vivir. Le estamos pidiendo el sustento material y el alimento espiritual, todo lo que necesitamos para vivir como seres humanos.

Muchas veces, nos preocupamos sólo por cosas materiales. Hacemos proyectos, trabajamos, organizamos el futuro... Es normal. Pero la vida es mucho más, es un regalo de Dios.

Por eso, Francisco optó por vivir dando gracias, alabando y bendiciendo a Dios por tanto como había recibido.

✠ *¿Sueles dar gracias por los dones que has recibido en la vida?*

✠ *¿Estás feliz con lo que la vida te ha ofrecido hasta estos momentos?*

✠ *Muchas gentes suelen decir: "Tanto tienes, tanto vales". ¿Qué lugar ocupa lo material en tu vida?*

100 o. c., 167.

En relación con este tema, es urgente pedir a Dios el pan que cada ser humano necesita para vivir. No me puedo preocupar sólo de mi pan. No puedo olvidar a los millones de seres hambrientos y desnutridos que no tienen siquiera lo necesario para vivir.

El pan que comemos explotando a los pobres u olvidando a los hambrientos no es un pan bendecido por Dios. Necesitamos compartir. Que no tenga yo, lo que te falte a tí. Y compartir es partir por la mitad. *¿Qué te parece?*

- *¿Te preocupas del pan de los demás?*
- *Intenta evaluar en sencillez lo que estás haciendo realmente y lo que podrías mejorar, prestando atención a cómo te sientes cuando constatas tanto los logros como los vacíos en la vida.*

SALMOS PARA SOSTENER LA ORACIÓN

- Salmo 126

  Es inútil que madruguéis,
  que veléis hasta muy tarde,
  y que os fatiguéis para ganar el pan:
  ¡Dios se lo da a sus amigos mientras duermen!

- Salmo 103

  Todos están pendientes de ti
  y esperan que les des la comida a su tiempo.
  Tú se la das y ellos la toman,
  abres tu mano y quedan saciados.

✠ Salmo 110

El Señor es compasivo y misericordioso.
El da alimento a sus fieles
recordando siempre su alianza.

✠ Salmo 135

Él da alimento a todo viviente,
porque es eterna su misericordia.

DÍA 5. SALUDO A LA VIRGEN MARÍA

Salve, Señora, santa Reina
Santa Madre de Dios, María,
Virgen hecha Iglesia,
elegida por el santísimo Padre del cielo,
consagrada por él con su santísimo Hijo amado
y el Espíritu Santo Defensor,
en ti estuvo y está toda la plenitud de la gracia
y todo bien.
¡Salve, palacio de Dios!
¡Salve, tabernáculo suyo!
¡Salve, casa suya!
¡Salve, vestidura suya!
¡Salve, esclava suya!
¡Salve, Madre de Dios!
Y ¡salve, todas vosotras santas virtudes,

que, por la gracia e iluminación del Espíritu Santo,
sois infundidas en los corazones de los fieles,
para hacerlos, de infieles, fieles a Dios! (SalVM)

El saludo a la bienaventurada Virgen María (SalVM) es un canto de admiración y de alabanza a la Madre de Dios.

Este pone de manifiesto la piedad mariana de Francisco, así como las fuentes patrísticas y litúrgicas que alimentaron esta oración. El escrito es semejante a otras alabanzas compuestas por Francisco. Es el saludo galante a la Madre de Jesús, con el tono caballeresco propio del autor.

En la época de Francisco, la Edad Media, María es la Señora a la que sirven los caballeros, con amor fiel e incontaminado.

María es la puerta por donde hace su entrada la salvación del mundo. Es Madre que nos lleva a Jesús, y le pedimos interceda por nosotros. María es madre nuestra y de los discípulos porque es mujer, y así, justamente, da paso a la paternidad de Dios. En la pobreza de su corazón, se realiza el milagro de la fecundidad.

- María es una mujer con vida propia, llamada a la fecundidad espiritual.
- María es esposa que vive desde el amor de la Alianza: en la intimidad de la oración y en la actividad de la vida ordinaria.

✠ María es hija de Dios, que vive gozosamente su pequeñez y fragilidad, cuidada y guardada en el corazón de Dios.

PARA LA REFLEXIÓN

Francisco recurre a un lenguaje poético para expresar su admiración por María. Es obra del Dios Trinidad. Elegida por el Padre y consagrada por el Espíritu como Madre de Jesucristo. Podemos decir que el seno de María fue la primera Iglesia. Es Virgen hecha Iglesia, la primera iglesia consagrada por Dios Trinidad. "Pero la postura de María es de esclava, mientras el Padre, el Hijo y el Espíritu la consagran y coronan. Así es como el corazón puro de Francisco escruta las profundidades humildes y luminosas del misterio de María".[101]

✠ *¿Qué imágen tienes de María?*

✠ *Contempla a María y reza y medita el Ave María.*

✠ *Reza lentamente la oración SalVM, contemplando un ícono o una imagen de la Virgen María.*

✠ *Dios puso su morada en María, convirtiéndola en:*

+ *Palacio de Dios hecho hombre.*

+ *Tabernáculo de Aquel que dijo: "Yo soy el pan de la vida"* (Jn 6, 48).

101 T. MATURA, *En oración con Francisco de Asís*, Aranzazu, Oñati, 1995, 89

+ *Tienda en la que la Palabra eterna de Dios se hizo carne.*

+ *Casa que Dios mismo se preparó.*

Tú también eres morada de Dios, piedras vivas para la construcción de un "edificio espiritual" (1 Pe 2, 5), *"santuario del Espíritu Santo"* (1 Cor 6, 19). *No te olvides de que el Espíritu habita en tu corazón como en un templo, y en ellos ora y da testimonio de su adopción como hijos. ¿Cómo le puedo preparar yo una morada al Señor?*

✣ María, mujer iluminada por el Espíritu Santo. Francisco tiene claro que María está en los momentos importantes de la historia de la salvación: el nacimiento de Cristo y el nacimiento de la Iglesia. En ellos está el Espíritu, y ahí está María. Y María adquiere un papel de protagonista, por obra y gracia del Espíritu Santo. En Nazaret y en el Cenáculo.

María concibe por obra del Espíritu. Ante su pregunta "¿Cómo puede suceder esto? El ángel le responde: "No temas, el Espíritu Santo vendrá sobre ti y la fuerza del Altísimo te cubrirá con su sombra". María es fecunda por la fuerza del Espíritu.

Se hace sagrario del Espíritu Santo. Es la "llena de gracia". Es la mujer llena del Espíritu Santo. María nos indica, con su vida, que, siendo dóciles al Espíritu, Él nos colmará, como a ella, de sus dones.

María, ante el Espíritu, es la mujer de la escucha y el silencio, de la espera y la esperanza. De las puertas, las ventanas y el corazón abierto. Siempre dispuesta, siempre disponible. El Espíritu Santo ha hecho de María, madre de Dios, una obra de arte incomparable, una obra maestra, una maravilla.

- *El Espíritu es un huracán de amor. Te regala unos nuevos ojos, una nueva visión, una nueva forma de mirar la naturaleza, la vida, la historia. ¿Te gustaría tener esos nuevos ojos? Pídelo a María, para que puedas mirar como ella: a Dios, a ti mismo, a los demás, a la naturaleza y al mundo.*

ALGUNOS TEXTOS DEL EVANGELIO PARA SOSTENER LA ORACIÓN

✢ Lc 1, 45: *Feliz tú, que has creído.*

✢ Lc 1, 38: *He aquí la esclava del Señor.*

✢ Lc 1, 46-55: *Magníficat. Puedes terminar haciendo esta oración, formulándola para ti, en primera persona. También Dios, como en María, ha puesto los ojos en ti y quiere hacer cosas grandes con tu vida. ¡Deja que Dios actúe en tu vida!*

DÍA 6. SANTIDAD Y BONDAD DE DIOS

Omnipotente, santísimo, altísimo y sumo Dios,
todo bien, sumo bien, bien total,
que eres el solo bueno,
a ti te tributemos toda alabanza, toda gloria,
toda gracia, todo honor, toda bendición,

y te restituyamos todos los bienes.

Hágase. Hágase. Amén. (AlHor 11)

Francisco es oración, es alabanza, acción de gracias, adoración.

Aquí, en esta oración, vemos cómo este deseo de alabar con todo el corazón no es más que la manifestación de "amar al Señor con todo el corazón, con toda el alma y con todas tus fuerzas" (Dt 6, 5).

Porque la alabanza tiene siempre la misma intensidad y volumen que el amor. El que ama poco alaba poco, o con pocas ganas. El que ama mucho, alaba con todo el corazón.

Esta oración es la conclusión a las *Alabanzas que se han de decir en todas las horas* (AlHor).

Estas alabanzas se recitaban como preparación espiritual para la celebración del oficio divino. Las AlHor están compuestas con citas tomadas de la Biblia y de la liturgia, con añadidos personales de Francisco.

- *Dios es el bien, sumo bien.* Oración muy cantada y celebrada por la espiritualidad franciscana. Dios todo en todas las cosas. Francisco elogia al Señor llamándolo: "el bien, sumo bien, bien total". Todo el bien tiene su origen en Dios, y toda la grandeza y la densidad se concentran en Dios. Dios es la plenitud del bien y se derrama sobre el mundo.
- *Todo, toda gracia y todos los bienes.* Para Francisco, todo es gracia y don de Dios. Y lo que hace es restituir a Dios

todo, porque todo viene de Él, toda gloria, todo honor, toda bendición... Francisco subraya intensamente esta forma de orar, original y, hasta podríamos decir, mística.

En esta oración conclusiva de las ALHor, la Trinidad de Dios deja paso a la Unidad y la "simplicidad". El Padre da belleza a la creación; el Hijo se implica con las criaturas; el Espíritu da vida a la creación y a las criaturas.

PARA LA REFLEXIÓN

Francisco responde a la bondad de Dios con deseos de alabarlo, bendecirlo, adorarlo. Tiene un corazón que salta de alegría, comparte, goza con los que gozan, sufre con los que sufren. Es libre para liberar; su absoluto es Dios, el bien, el sumo bien. Dios es.

Con estas palabras, de manera sintética, respondía Francisco cuando sus hermanos le contaban sus desventuras y penas: "Dios es el bien", respondía una y otra vez. Y, hablando de sus sufrimientos, añadía: "Es tanto el bien que espero, que toda pena me es placentera".

Francisco testimonió gozosamente a sus hermanos la voluntad de compartir la experiencia de los desheredados y de los abandonados para servirlos, ofrecerles ayuda y liberación de los sufrimientos, y hablarles de un Dios que es "todo bien, todo bueno". Todo ello vivido con alegría.

La revolución de Francisco no proponía una lucha violenta contra los poderosos. Proponía una lucha interior. Era preciso vencer, sobre todo, dentro de sí mismo, el aguijón del mal, el desconsuelo, la desconfianza, que, a menudo, son más devastadores que las enfermedades.

Francisco era consciente de que la fuerza que hace nueva la vida es la esperanza, que no proviene de la fe estática, prisionera del deber, sino de una fe abierta a la novedad, a lo nuevo y bueno de Dios.

✠ *¿Cuántas veces has sentido el cariño y la ternura de Dios?*

✠ *Creo que los seres humanos encontramos difícil comprender la fidelidad de Dios; nos cuesta creer que es el bien, todo bien. Hemos oído muchas veces decir: "¿Si Dios me ama…, por qué permite tantas cosas malas en nuestras vidas?". Personalmente, a ti, ¿te resulta difícil entender la bondad de Dios?*

✠ *¿Qué podrías hacer para que otros puedan conocer lo bueno y fiel que es Dios?*

El amor generoso de Dios no nos va a quitar nuestra condición humana o nuestra libre voluntad.

Mucha gente piensa que la bondad de Dios significa que la vida no va a tener nunca problemas y dolor, que siempre será serena y cómoda. Pero la bondad y el amor de Dios es una presencia constante.

Quizás, no la sentimos, pero está. Nos acompaña en todo momento, a pesar de las cosas dolorosas que nos suceden a nosotros y a los que amamos. Este amor fiel y bondadoso de Dios es muy repetido en los Salmos. En el Salmo 136, se repite continuamente: "Porque tu amor dura por siempre".

Este Dios bondadoso de los Salmos es el Dios que ha descubierto Francisco. Por eso, su vida, como estamos repitiendo, es alabanza, bendición y acción de gracias.

✠ *Reza con el Salmo 136. Date cuenta cómo el autor ha reconocido la bondad y la fidelidad de Dios en los muchos y variados acontecimientos de la vida de la gente. Intenta reflexionar en el constante amor de Dios en la realidad de tu vida.*

✠ *Medita en los siguientes momentos de tu vida:*

  + *Días felices, alegres…*

  + *Dolorosas experiencias de lucha.*

  + *Días grises, momentos raros…*

  + *Días llenos de energía, creativos…*

  + *Días de búsqueda de verdad interior.*

  + *Amistades que permanecen y personas que amas mucho.*

✠ *Renueva tu compromiso de amor y de fidelidad a las personas significativas de tu vida.*

✠ *Puedes hacer una oración final, en la que pidas ayuda para que siempre recuerdes, como dice Francisco, que el Señor es bueno, es sumo bien, es bien total.*

SALMOS PARA SOSTENER LA ORACIÓN

✠ Salmo 134

Alabad el nombre del Señor…
Alabad al Señor, porque es bueno.

✠ Salmo 95

Cantad al Señor un cantar nuevo,
que toda la tierra cante al Señor.
Cantad al Señor, bendecid su nombre,
proclamad día tras día su salvación.

✠ Salmo 26

Confiando en el Señor,
no me he desviado.
Señor, ponme a prueba,
sondea mis entrañas y mi corazón,
porque tengo ante mis ojos tu bondad,
y camino en tu verdad.

DÍA 7. ALABANZAS A DIOS: TÚ, ÚNICO SEÑOR

Tú eres el santo, Señor Dios único, el que hace maravillas. Tú eres el fuerte, tú eres el grande, tú eres el altísimo, tú eres el rey omnipotente; tú, Padre santo, rey del cielo y la tierra.

Tú eres trino y uno, Señor Dios de dioses; tú eres el bien, sumo bien, Señor Dios vivo y verdadero.

Tú eres el amor, la caridad; tú eres sabiduría; tú eres la humildad; tú eres la paciencia; tú eres la hermosura; tú eres la mansedumbre; tú eres la seguridad; tú eres la quietud; tú eres el gozo; tú eres nuestra esperanza y alegría; tú eres la justicia; tú eres la templanza; tú eres toda nuestra riqueza a saciedad; tú eres la hermosura; tú eres la mansedumbre; tú eres el protector; tú eres nuestro custodio y defensor; tú eres la fortaleza; tú eres el refrigerio. Tú eres nuestra esperanza; tú eres nuestra fe; tú eres nuestra caridad; tú eres toda nuestra dulzura; tú eres nuestra vida eterna: grande y admirable Señor, omnipotente Dios, misericordioso Salvador. (AID)

Estas *Alabanzas del Dios Altísimo* (AID), son una especie de letanías dirigidas a Dios, que fascinan y seducen. Tienen la fuerza que procede de una profunda experiencia de Dios.

Francisco está herido de amor. Termina de recibir la impresión de las llagas de Cristo. El amor lo hirió en lo profundo de su ser. Está totalmente conmovido por el amor de Dios.

Durante días, ha estado llorando por los caminos, sin consuelo alguno. Ante la pregunta de por qué lloraba, respondía: "¡El amor no es amado!". Si Dios, para Francisco, es una riqueza tan grande, "riqueza a satisfacción", entonces podemos entender las razones profundas que motivaron su sentido de la pobreza.

Dios es todo; sólo Dios puede llenar el corazón del ser humano. Quien capta y entiende esto, puede dejar todas las cosas. Es su único y su todo.

Es aquí donde podríamos encontrar la mejor explicación a la breve y bella oración que también Francisco recitaba con frecuencia: "Dios mío y todas mis cosas".

A esta oración, nos podemos aproximar de diversas formas.

Tanto si seguimos la numeración en versículos, como si se atiende al número de invocaciones, puede observarse una cierta división en tres partes.

Señalamos los tres bloques tal y como lo indica Lehmann: 1. grandeza y bondad de Dios; 2. humildad de Dios; 3. nuestra riqueza y la fuerza de Dios es nuestra salvación.[102]

No nos detenemos en ninguna de esas tres partes de la AID, pero sí señalamos que, en estas tres partes, podemos encontrar unas especies de letanías de nombres de Dios. Y siempre con la fuerza de "Tú eres".

Francisco no habla de Dios, sino a Dios. Ese "Tú" de Dios es la fuerza que le arranca, sin cesar, nuevos enunciados. Tú, tú, tú…, en todas las variaciones posibles.

PARA LA REFLEXIÓN

102 L. Lehmann, o. c., pp. 201-208.

Se cuenta que, una noche, Francisco estaba haciendo oración con los hermanos a los que había recomendado meditar el padrenuestro.

Al amanecer, concluida la oración, cayeron en la cuenta de que Francisco estaba llorando y le preguntaron por qué.

"Durante toda la noche" —respondió Francisco, serenamente—, he meditado la primera palabra de la oración: 'Padre', y no he podido contener la alegría y la conmoción. ¡Es tan hermoso que Dios sea mi padre!".[103]

✢ *¿Le tienes miedo a Dios? ¿Te cuesta experimentar a Dios como Padre? Lo importante es que despierte tu confianza. Puedes comenzar tu oración con el grito confiado: "A ti, Señor, levanto mi alma; Dios mío, en ti confío"* (Sal 24).

✢ *Intenta esforzarte por no sentir a Dios nunca lejano o distante. Está siempre y es de todos. En cualquier lugar o momento, puedes invocarlo: "Tu bondad y misericordia me acompañan todos los días de mi vida"* (Sal 22).

✢ *Vive con confianza. No te olvides de que es tu Padre y te sostiene en todo momento. En los tiempos difíciles, le puedes gritar: "No me escondas tu rostro… Hazme escuchar tu gracia, que confío en ti* (Sal 142).

La cercanía de Dios en todo momento, la confianza total de hijos, es la actitud básica y esencial que hemos de cuidar. Y debemos hacerla crecer en nosotros, sin temor alguno.

103 G. Matino, *La ternura de un Dios diferente*, Santander, Sal Terrae, 2002, p. 221.

Dios es un Padre que nos ama y sabe lo que necesitamos antes de pedírselo. Esto es lo que descubrió Francisco: la cercanía de Dios.

Y, desde entonces, ya no quiso separarse ni un solo instante de Jesús. Su deseo era tan puro, y fruto de una motivación tan extraordinaria, que tuvo que hacerse realidad: hasta su cuerpo, en los estigmas recibidos en la Verna, contaba a quien lo mirase el amor indecible que Francisco sentía hacia su Señor. ¡Quien veía a Francisco no podía sino ver a Jesús! [104]

Aquellos estigmas eran ciertamente un signo, la expresión de su deseo de participar en la pasión de Jesús. Pero eran también, la respuesta de Jesús, que quería hacerse visible en la carne del discípulo.

Ya nadie le podía quitar la felicidad, porque en Cristo había descubierto el amor invencible de un Dios que se hace carne y cruz, camino para vencer la tristeza del corazón.

El desafío del cristianismo no es hacer a los hombres más buenos: ¡personas buenas ha habido antes y después de Jesús, pues la bondad no es un privilegio exclusivo de los cristianos! ¡Pero el cristianismo, además, quiere hombres y mujeres felices![105]

✠ Reflexiona sobre tu vida. ¿Te sientes feliz?

✠ ¿Cuáles son tus fuerzas? ¿Cuál es tu esperanza?

104 O. c., p. 222.

105 Ibídem.

- Selecciona algunas invocaciones de la oración de Francisco con las que te sientas más identificado. ¿Qué otros nombres le darías a Dios? Ponlo por escrito y haz tu propia letanía de nombres de Dios.

SALMOS PARA SOSTENER LA ORACIÓN

- Salmo 72

  ¿No te tengo a ti en el cielo?
  Y contigo, ¿Qué me importa la tierra?...
  para mí lo bueno es estar junto a Dios,
  hacer del Señor mi refugio.

- Salmo 15

  Protégeme, oh Dios, que me refugio en ti.
  Yo digo al Señor: Tú eres mi dueño, mi único bien;
  nada hay comparable a ti.

- Salmo 62

  Tu amor vale más que la vida,
  te alabarán mis labios;
  te bendeciré mientras viva,
  te invocaré alzando mis manos.

- Salmo 30

  Que bondad tan grande, Señor,
  reservas para tus fieles,
  y la concedes a los que a ti se acogen.

DÍA 8. ALABAR A DIOS EN TODAS SUS CRIATURAS

Altísimo, omnipotente, buen Señor.

Tuyas son las alabanzas, la gloria y el honor y toda bendición.

A ti sólo, Altísimo, corresponden, y ningún hombre es digno de hacer de ti mención.

Loado seas, mi Señor, con todas tus criaturas, especialmente el señor hermano Sol, el cual es día y por el cual nos alumbras. Y él es bello y radiante con gran esplendor: de ti, Altísimo, lleva significación.

Loado seas, mi Señor, por la hermana luna y las estrellas: en el cielo las has formado luminosas, y preciosas, y bellas.

Loado seas, mi Señor, por el hermano viento, y por el aire, y el nublado, y el sereno, y todo tiempo, por el cual a tus criaturas das sustento.

Loado seas, mi Señor, por la hermana agua, la cual es muy útil, y humilde, y preciosa, y casta.

Loado seas, mi Señor, por el hermano fuego, por el cual alumbras la noche: y él es bello, y alegre, y robusto y fuerte.

Loado seas, mi Señor, por nuestra hermana la madre tierra, la cual nos sustenta y gobierna y produce diversos frutos con coloridas flores y hierbas.

Loado seas, mi Señor, por aquellos que perdonan por su amor y soportan enfermedad y tribulación.

Bienaventurados aquellos que las sufren en paz, pues por ti, Altísimo, coronados serán.

Loado seas, mi Señor, por nuestra hermana la muerte corporal, de la cual ningún viviente puede escapar. ¡Ay de aquellos que mueran en pecado mortal!

Bienaventurados aquellos a quienes encontrará en tu santísima voluntad, pues la muerte segunda no les hará mal.

Load y bendecid a mi Señor, y dadle gracias y servidle con gran humildad" (Cánt)

El "Cántico del hermano Sol"[106] es, sin duda, el escrito más conocido de Francisco.

La estructura del "Cántico" es clara y transparente. Podemos decir que es como un compendio de la ecología bíblica, en clave de fraternidad universal. Es la expresión del carácter marcadamente celebrativo de Francisco.

El "Cántico" coincide con la época de pleno apogeo de los *laudes*, que en la tierra de Francisco, se desarrolló en torno a los años de 1260. La alabanza es el tema que lo recorre de principio a fin. El "Cántico" es una alabanza a Dios en acción de gracias por sus criaturas.[107]

Sobre el "Cántico" han escrito numerosos autores de todas las especialidades. Son muchísimos los libros escritos, y por eso es imposible citar a todos.

106 Cánt.

107 L. Lehmann, o. c., p. 250.

Y es que el "Cántico" pertenece a la literatura universal. Probablemente, dice Lehmann, sea la obra poética más conocida y más traducida de la literatura cristiana, aparte de la Biblia.[108]

En este capítulo, me limito a resaltar algunos de los elementos cantados por Francisco, para que nos ayuden a rezar y a tomar conciencia de la necesidad que tenemos de cuidar nuestro mundo.

El "Cántico" es el canto del hombre salvado. Mi propuesta es sólo orar y celebrar algunos de sus elementos, como camino de futuro para recobrar una relación con la Madre Tierra mucho más fraterna.

Sólo leemos los versos señalados, dejándolos resonar en nuestro interior y abriéndonos a una contemplación serena.

Todas las cosas son llamadas "hermanas". Por eso, alabamos y celebramos al Dios, Padre-Madre, Gran Espíritu, origen, amor y fondo de toda la existencia, de toda vida, de toda belleza; principio de la fraternidad.

Algunos elementos presentados en el Cántico los ofrecemos como camino de oración y contemplación, de gozo íntimo y admiración profunda. Por ello, rodéate de un ambiente de silencio y quietud, que favorezca y fortalezca la contemplación pausada y alegre.

108 O. c., p. 248.

1. Celebración del sol

Loado seas, mi Señor, con todas tus criaturas,
especialmente el señor hermano Sol,
el cual es día y por el cual nos alumbras.
Y él es bello y radiante con gran esplendor:
de ti, Altísimo, lleva significación.

Francisco evoca el simbolismo del sol, que es fundamental en todas las tradiciones.

El sol ilumina y calienta la Tierra, y toda vida terrestre subsiste sólo por él.

La luz es símbolo de conocimiento, y su calor, de amor. El rayo solar simboliza al rayo de la gracia que nos une a Dios.

Dios es el sol espiritual del alma, que ilumina al hombre en su corazón, pues "ilumina a todo hombre que viene a este mundo" (Jn 1, 9).

ORA Y CONTEMPLA

- *San Pablo nos dice que existe un camino que lleva de las criaturas a Dios, pues en estas ha dejado Dios huellas que hacen visible para la inteligencia lo que es invisible* (Rom 1, 18-23).
- *Intenta contemplar cómo Dios se nos da a conocer en la creación. Dios es como una gran luz, un sol que no se apaga, que nos ilumina y nos orienta en nuestro caminar. Él es nuestra roca, nuestro apoyo, nuestra seguridad* (Sal 27, 1).

✢ *Dios es luz que da paz interior; y esa paz es la esencia de tu ser. ¡Contempla la luz, permite que la luz del amanecer y del anochecer te enseñen la quietud!*

2. Celebración de la luna y las estrellas

> *Loado seas, mi Señor, por la luna y las estrellas: en el cielo las has formado luminosas, y, preciosas y bellas.*

Después del sol, el maravilloso esplendor del día, Francisco celebra las claridades de la noche.

Entonces, alaba a Dios por la "hermana luna y las estrellas", que son celebradas como luminosas.

Merece la atención el calificativo de "preciosas". Esto evoca una realidad considerada de gran precio, un tesoro.

ORA Y CONTEMPLA

✢ *En la celebración franciscana de la luna y las estrellas, se contempla un tesoro inmenso que no es extraño, como se reconoce implícitamente al dar el nombre de "hermana" a esa materia "clara, preciosa y bella". No se le reconoce ninguna función precisa, ninguna utilidad particular. Se celebran, simplemente, como "claras y preciosas y bellas" que son.*

✢ *¡Contempla! Intenta celebrar en tu vida el misterio de las claridades de la noche. Las horas, por más que sean de una oscuridad espesa, siempre cuentan con algunas estrellas que suelen brillar. Seguro que una estrella brilla en tu noche espesa.*

✠ *Pero hay que estar bien atento para ver esa estrella, gozar del mensaje, del resplandor de esa estrella. La estrella siempre nos dice algo, siempre trae una noticia. En la noche de la vida, también, una estrella puede brillar. ¡Reza y contempla estas cosas!*

3. Celebración del viento y el aire

> *Loado seas, mi Señor, por el hermano viento, y por el aire, y el nublado, y el sereno y todo tiempo, por el cual a tus criaturas das sustento.*

El aire es húmedo y cálido: el calor es un principio de movimiento, de energía y de transformación. El aire representa el estado gaseoso, fluido y expansivo de la materia. Es el símbolo del movimiento y del Espíritu "que sopla donde quiere" (Jn 3, 8).

El Espíritu fecunda las aguas, y esto nos permite comprender que el aire tiene un aspecto "activo" y "masculino".

El viento, el aire son elementos que dejan al alma entre el cielo y la tierra. El viento no es un fenómeno solamente físico, tiene un rostro, un alma.

En Francisco, la celebración poética del viento es significativa de un alma que aspira a abrirse a la totalidad del Ser y de sus inspiraciones.

ORA Y CONTEMPLA

- *El viento del Espíritu suena, silba, canta cuando penetra una flauta. ¡Que suene y sintamos, Señor, tu aire hecho melodía en nuestra flauta! Que en este mundo nuestro, a pesar del dolor y la muerte, sepamos celebrar la vida, danzar la salvación que acontece cada día en nuestra historia.*

- *Dios está en el aire que respiramos. Cada latido de nuestro corazón, cada palpitación de la vida nos aseguran que somos de Dios. En Él nos movemos y existimos.*

- *Deja que tu corazón quede libre de tantas cosas: tendencias, materialismo, egoísmos, codicias... En Él nos movemos. Él es nuestro hogar. ¡Siéntate, respira en profundidad! Fíjate en tu respiración. Es el soplo de la vida, el soplo de Dios.*

4. Celebración del agua

Loado seas, mi Señor, por la hermana agua.
La cual es muy útil,
y humilde, y preciosa, y casta.

En todas las tradiciones, el agua es, por excelencia, el símbolo de la substancia universal: el agua purifica de las manchas. Es un elemento simple, primordial y, como tal, incorruptible.

Es por medio del agua como el mundo fue purificado en el diluvio (Gn 3, 19-21).

Y los hebreos fueron purificados en el paso del mar Rojo (1 Cor 10, 1-3).

Por el contacto con el agua del bautismo, somos sepultados con Cristo para andar con él en una vida nueva (Rom 6, 4).

También el agua es un símbolo de pureza, de regeneración corporal, psíquica y espiritual (Mt 15, 18-20).

El agua es una imagen recurrente para expresar la manifestación de Dios y la ayuda que le ofrece al ser humano.

ORA Y CONTEMPLA

- Mira el pozo de donde brota la vida. La fuerza del torrente es de Dios. Aunque el pozo es hondo, el brocal está abierto. Déjate arrastrar por la corriente y fluye… El agua de Dios te lava, te purifica, te sana. ¡El agua de Dios sana!
- El caudal es abundante, porque la vida fluye y salta hasta regar la sequedad del corazón. Es agua que mana y corre. El agua es deseo de vida, regeneradora y fértil.
- Recuerda y contempla serenamente las aguas que te consagraron como nuevo hijo o hija a de Dios. Aguas sobrevoladas por el Espíritu. Un agua que sacia, sin apagar la sed. La sed del corazón, que renueva la ternura de nuestras entrañas, y moviliza recursos inesperados. Pon cerca de ti un recipiente con agua y recuerda tu bautismo. Termina santiguándote en el nombre del Padre, del Hijo y del Espíritu Santo.

5. Celebración del fuego

Loado seas, mi Señor,
por el hermano fuego,
por el cual alumbras la noche,
y es bello y alegre,
y robusto y fuerte.

La gran imagen mítica del fuego está ligada al destino íntimo del ser humano, es la imagen misma de su destino.

La celebración fraterna y religiosa del fuego sumerge, sin duda, en los orígenes más lejanos y oscuros, en la prehistoria de la humanidad, y hace volver a las fuentes primarias de la vida.

El fuego que canta Francisco es un fuego que no quema ni hace daño. Su poder es la luz y el gozo. Ese fuego fraternal expresa la reconciliación de la vida del espíritu, el encuentro entre el *eros* y *ágape*.

Es llama de vida, la llama de la fe. Nuestra tarea es avivar las brasas. Fuego tras las cenizas. Ese fuego que aún late bajo las cenizas, y es capaz de calentar e iluminar a toda la humanidad. Un fuego que nunca se apaga.

ORA Y CONTEMPLA

✢ *Celebra el fuego de Dios en tu corazón. Intenta observar el fuego de una hoguera. Reza para que se avive el fuego de Dios en ti. Deja que tu oración exprese gratitud por la chispa de Dios que irradia en ti. Celebra el fuego como símbolo de Dios.*

- *¿Conoces a personas, tanto en la vida real como de la historia, cuyos corazones estén encendidos en Dios? Piensa en esas gentes y celebra su irradiación. ¿Cómo se refleja el fuego en sus vidas?*

- *Pide ese fuego que es amor, ese fuego que se consume hasta convertirse en cenizas. Pide al Señor que te ayude a tener el corazón encendido, a ser llama que alienta y alumbra, a pesar de todas las cosas negativas de nuestra vida. Y que nuestra frágil llama sea avivada con la fuerza de la llama del amor de Dios.*

6. Celebración de la hermana Tierra, nuestra Madre

Loado seas, mi Señor, por nuestra hermana madre Tierra,
la cual nos sustenta y gobierna,
y produce diversos frutos,
con coloridas flores y hierbas.

Francisco toma en cuenta esta imagen arcaica de la Tierra Madre. Celebra la Tierra como Madre que "nos sustenta y nos lleva" como una madre a su hijo, y cuya fecundidad se manifiesta en los "diversos frutos".

Para Francisco, la Tierra Madre tiene también el rostro de una hermana. Es una criatura más entre todas las demás realidades cósmicas. Forma parte de la gran familia de las criaturas.

Hay en Francisco una comunión con la tierra, una comunión con Dios por la tierra.

La tierra son las flores, los árboles, las hierbas, las raíces y todo lo que crece por encima o por debajo de ella.

Hagamos nuestro el poder de los cuatro elementos: apreciar y celebrar el poder del aire, el fuego, el agua y la tierra nos inunda de verdadera alegría, energía y equilibrio. Ello nos hace sentir que nosotros también somos parte vital del universo.

El aire, alimento de vida; el fuego, el calor de la energía; el agua, una fuerza líquida; la tierra, la raíz que nos alimenta.

ORA Y CONTEMPLA

✠ Contempla la hermosura de la Tierra y deja que entre dentro de ti. Intenta contemplar un bello paisaje, la montaña, el mar, un río… ¡Goza con ello! Contempla en paz. El silencio y la quietud favorecen la contemplación.

✠ Mira un árbol, una flor, una planta… Deja que tu conciencia descanse en lo que miras. Intenta que la naturaleza te enseñe la quietud y el gozo. Cuando contemplas la quietud de la naturaleza, percibes su quietud, tú mismo te aquietas.

✠ Haz silencio profundo. Silencio para que la vida entera germine y florezca en el amor. Contempla y celebra al observar un animal, una flor, árbol, planta… Cada uno es él mismo. Tiene una enorme dignidad, inocencia, santidad. Para ello, debemos ir más allá del hábito mental que tenemos... A esto nos invita Francisco, a descender a las raíces del alma. Esto es lo que pretendemos en la contemplación y la celebración del "Cántico". ¿Cómo vives esta comunión con todo lo creado?

DÍA 9. ¿QUIÉN ERES TÚ? Y ¿QUIEN SOY YO?

> *Lo halló arrodillado, con el rostro y las manos levantadas hacia el cielo, mientras decía, lleno de fervor de espíritu: "¿Quién eres tú, dulcísimo, Dios mío? Y ¿quién soy yo, gusano vil e inútil siervo tuyo?". Y repetía siempre las mismas palabras, sin decir otra cosa".* (Ll, 3 a)

Se trata de una oración sencilla y altísima, breve e inmensa. La oración es expresión de un estupor tan grande que no es capaz de traducirse en acción de gracias o en adoración: se queda en puro extravío extático.

Fray León, compañero inseparable de Francisco, conservó en su memoria cada acontecimiento del que fue testigo y de todas las palabras que oyó durante el tiempo de retiro, pasado en el monte Alverna.

Desde su primer encuentro con el crucificado de San Damián, Francisco quedó marcado con la pasión de Jesús.

Cuando Francisco siente cercana su muerte, quiere pasar un tiempo de soledad para recogerse en Dios.

Para su aislamiento, escogió el más alto y apartado de sus retiros, el monte Alverna. Le faltaba recorrer el camino del Calvario: sufrir hasta el fin. Se abandonó confiado a la voluntad de Dios.

Francisco, de rodillas, rezaba con los brazos abiertos en cruz.

> *¿Quién eres tú, dulcísimo Dios mío? Y ¿quién soy yo, gusano vilísmo e inútil siervo tuyo?* (Ll 3, 1)

Y repetía siempre las mismas palabras, sin decir otra cosa.

> *El hermano León, fuertemente sorprendido de lo que veía, levantó los ojos y miró hacia el cielo, y, mientras estaba mirando, vio bajar del cielo un haz de luz bellísima y deslumbrante, que vino a posarse sobre la cabeza de san Francisco...* (Ll 3, 2)

Luego, el hermano León, que lo acompañaba en este retiro, le suplicó que le explicara aquellas cosas extraordinarias que había observado.

> *Entonces, san Francisco, en vista de que Dios había revelado o concedido al humilde hermano León, por su sencillez y candor, ver alguna cosa, condescendió en manifestarle y explicarle lo que pedía, y le habló así: "Has de saber, hermano ovejuela de Jesucristo, que, cuando yo decía las palabras que tú escuchaste, mi alma era iluminada con dos luces: una me daba la noticia y el co-*

nocimiento de mí mismo. Cuando yo decía: '¿Quién eres tú, dulcísimo Dios mío?', me hallaba invadido por una luz de contemplación, en la cual yo veía el abismo de la infinita bondad, sabiduría y omnipotencia de Dios. Y, cuando yo decía '¿Quién soy yo?', la otra luz de contemplación me hacía ver el fondo deplorable de mi vileza y miseria". (Ll 3, 6)

Francisco contempla la bondad de Dios que lo elige, lo ama y se entrega a Él sin medida.

ORA Y CONTEMPLA

Cada uno hace su propio camino. Estamos al final de estos días pasados con Francisco.

¡Recrea este momento!

✠ *¿Quieres seguir obsesionado con el éxito mundano o quieres, de verdad, ponerte en camino y servir al Señor?*

✠ *¿Qué te ha ocurrido a lo largo de estos días pasados con Francisco?*

✠ *¿Has llegado en estos días a conocer un poco más a Dios y a ti mismo?*

Francisco nos enseña a confiar en Dios aun cuando no podamos ver con claridad hacia dónde nos conduce la vida.

Confiar en Dios y perseverar a pasar de las dificultades es nuestra tarea. Dios puede encontrar un modo de trabajar con nosotros tal como somos, tratándonos como un buen maestro de escuela. Si estás en la búsqueda de Dios, Él te encontrará. ¡Confía en Dios!

La libertad se encuentra al final del camino. El alma grande de Francisco, y su mucha y gran generosidad, hacen que reciba a cambio el ánimo contento, la sonrisa en los labios y la mirada risueña.

Francisco canta, celebra todo lo que Dios hace en él. Comparte libremente sus recuerdos, ahora ya de forma agradecida y serena.

✠ *¿Qué ha vivido Francisco en la Alverna?*

✠ *¿Hacia dónde lo conduce Dios?*

✠ *Todo esto… ¿qué te dice a ti?, ¿qué le dice a tu vida? ¿Hacia dónde te conduce Dios en estos momentos de tu vida?*

Lo importante es que, poco a poco, vayamos orientando nuestra vida hacia un bien mayor, el más grande.

No te olvides de que la vida merece la pena si se pone al servicio del Amor.

Francisco descubrió en Jesús, pobre, humilde y crucificado, el modelo para su vida.

El dolor y el fracaso nos abren a Dios. Se trata de descubrir mi dependencia de Dios. Abandonarse y poner la confianza en Dios.

Intenta conocer tus límites, quién eres, cuáles son tus luces y sombras. ¡Te encontrarás con Jesús!

Al final del camino te digo: camina más lentamente en la vida. Por experiencia, puedo decirte que al caminar más lento me descubrí menos ansioso y temeroso. Una cierta sabiduría apareció en mi vida, después de la enfermedad pasada.

Intenta eliminar la prisa de tu vida. Como te digo, lo vivido me enseñó a dejar atrás el apuro, el estrés, el miedo, la ansiedad..., y empecé a vivir una vida más lenta en el presente, en la paz del Dios de la vida.

Después de lo vivido, la enfermedad del año 2020, puedo decirte que soy una persona más feliz, celebro intensamente todos los momentos de mi vida y tengo una actitud de profundo agradecimiento.

✠ *Termina agradeciendo lo vivido estos días.*

✠ *¿Te has conocido un poco más? ¿Has podido conocer al Dios que vivió Francisco? ¿Algún pequeño proyecto para comenzar de nuevo?*

Breve conclusión general en forma de gratitud

Quiero terminar dando gracias a la vida, que me ha permitido conocer a Francisco de Asís y poder estar en la familia franciscana desde hace casi 50 años, celebrando esta forma de espiritualidad, cuyos 800 años estamos conmemorando.

Gracias por este momento de mi vida; y, quizás, por tener más conciencia y no menos locura; por tener el cuerpo más viejo, más lento, y el alma de eterno aprendiz. Celebrando siempre la vida intentada, disfrutada, consumida...

Gracias a la vida, que me recuerda que sigo aquí, que aún hay espacio y tiempo disponibles. Y que yo, a cada instante, puedo seguir sumando, ilusionando y celebrando mi latido.

¡Gracias!

¡El que recibe nunca debe olvidar!

Oración simple

Señor, haz de mí un instrumento de tu paz.
Que donde haya odio, ponga yo el amor.
Que donde haya ofensa, ponga yo el perdón.
Que donde haya discordia, ponga yo la unión.
Que donde haya error, ponga yo la verdad.
Que donde haya duda, ponga yo la fe.
Que donde haya desesperación, ponga yo la esperanza.
Que donde haya tinieblas, ponga yo la luz.
Que donde haya tristeza, ponga yo la alegría.
Oh, Maestro, que yo no busque tanto
ser consolado, como consolar,
ser comprendido, como comprender,
ser amado, como amar.
Porque es dando, como se recibe,
es olvidándose, como uno se encuentra,
es perdonando, como se es perdonado,
es muriendo, como se resucita a la vida eterna.
Amén.

Contacto con el autor:
Fray Francisco Pérez Hermoso, OFM
franperher@gmail.com

Made in United States
North Haven, CT
10 November 2026

22091520R00088